歧路徘徊

1918-1945年的奥地利

崔阳 著

AUSTRIA WANDERED ASTRAY
FROM 1918 TO 1945

华文出版社
SINO-CULTURE PRESS

图书在版编目（CIP）数据

歧路徘徊：1918—1945 年的奥地利 / 崔阳著 .--北京：华文出版社 , 2024.6
　　ISBN 978-7-5075-5950-7

Ⅰ.①歧… Ⅱ.①崔… Ⅲ.①奥地利 – 历史 – 1918-1945 Ⅳ.① K521.43

中国国家版本馆 CIP 数据核字 (2024) 第 068235 号

歧路徘徊：1918—1945 年的奥地利

作　　者：	崔阳
责任编辑：	闫丽娜
出版发行：	华文出版社
地　　址：	北京市西城区广外大街 305 号 8 区 2 号楼
邮政编码：	100055
网　　址：	http://www.hwcbs.cn
电　　话：	总 编 室 010-58336239　发 行 部 010-58336202
	编 辑 部 010-58336269
经　　销：	新华书店
制　　版：	北京禾风雅艺文化发展有限公司
印　　刷：	三河市航远印刷有限公司
开　　本：	710mm×1000mm　1/16
印　　张：	11.5
字　　数：	132 千字
版　　次：	2024 年 6 月第 1 版
印　　次：	2024 年 6 月第 1 次印刷
标准书号：	ISBN 978-7-5075-5950-7
定　　价：	45.00 元

版权所有，侵权必究

前言

奥地利历史悠久，但现代奥地利国家的诞生距今不过百余年。同很多新生国家一样，它也经历了一段曲折复杂的成长期。

与今天人们印象中那个风光旖旎、静谧富足的阿尔卑斯山麓小国完全不一样，200年前的奥地利不仅高居欧洲五强之一，还是德意志邦联主席国和邦联内唯一的帝国。它辽阔的疆域覆盖了如今奥地利、匈牙利、捷克、斯洛伐克、波兰、意大利、克罗地亚等国的全部或一部分领土，人口超过3000万。波希米亚坐落着奥地利最发达的工业区，匈牙利平原是奥地利的天然粮仓，的里雅斯特可以通往海洋，再加上几个世纪以来笼罩着的德意志"共主"光环，毫不夸张地说，奥地利曾是最有希望实现德意志民族统一之梦的国家。

但就是这么一个握着满手好牌的奥地利，却出人意料地在1866年普奥战争中惨败于德意志后起之秀普鲁士。战后，奥地利被永远逐出了德意志，并被迫改组为奥匈二元帝国。1871年，它只能以旁观者的身份，苦涩地目睹普鲁士统一德意志。

从奥地利帝国到奥匈帝国，变化的不只是名称。普奥战争后被排斥于德意志之外的境遇，给数百万奥匈帝国德意志族民众造成了巨大的心理落差，也使他们的国家认知出现了混乱。随着

1918年以德奥为核心的同盟国集团在第一次世界大战中败北,奥匈帝国土崩瓦解,刚刚独立的奥地利共和国几乎立刻陷入了严重的政治和经济危机中。但很快奥地利就发现,以往将自己拒于德意志统一大门之外的德国,现在已是同病相怜的难兄难弟。为了疏解共同面临的困难,奥地利率先向德国发出了合并的呼吁。此后10余年间,与德国合并几乎成为奥地利政治生活中的唯一主题,但却始终未能实现。直到1938年3月,希特勒——一个来自奥地利的德意志人——才以强力手段将奥地利并入了德国。然而这时的第三帝国已不是从前的魏玛共和国了,在成为"德国人"的7年中,奥地利人失去的远比得到的要多。直到1945年第二次世界大战结束,奥地利才重获解放。又经过10年努力,奥地利终于再次以一个独立国家的姿态,骄傲地出现在了世人面前。

本书在充分收集国内外出版的文献著作和相关档案资料的基础上,试对1918—1945年奥地利这一特殊的历史时期做简要介绍。由于笔者学识有限,疏漏之处在所难免,恳请读者不吝赐教。

目录

前言

第一章 1918年以前的奥地利 /01
一、从蕝尔边区到中欧帝国 /02
二、劲敌普鲁士崛起 /07
三、双雄争霸与德意志统一 /11
四、脱离德意志后的半个世纪 /19

第二章 "德意志奥地利"(1918—1919年) /25
一、帝国坍塌,共和国诞生 /26
二、密谋与德国合并 /30
三、巴黎和会上的外交折冲 /35

第三章 动荡的二十年代(1920—1929年) /45
一、"国联殖民地" /46
二、寻找奥地利认同 /50
三、合并运动复苏 /55

第四章 德奥关税同盟(1930—1931年) /61
一、秘密协商 /62
二、法国的围剿 /66
三、奥地利退缩了 /70
四、黯然收场 /76

第五章　反击"德奥一体化"（1932—1934 年）　/79
　　一、年轻的新总理陶尔斐斯　/80
　　二、初战告捷　/83
　　三、向英法两国求助　/90
　　四、被迫倒向意大利　/93
　　五、七月政变　/101

第六章　最后的抗争（1934—1938 年）　/109
　　一、内外交困　/110
　　二、德奥协定　/117
　　三、"只剩二十个月了"　/126
　　四、"愿上帝保佑奥地利"　/135

第七章　消失的七年（1938—1945 年）　/145
　　一、昙花一现的繁荣　/146
　　二、卷入第二次世界大战　/151
　　三、沉默的大多数　/155

尾声　共和国重生　/163

奥地利大事记　/170
参考书目　/173

第一章
1918年以前的奥地利

一、从蕞尔边区到中欧帝国

有学者说,奥地利人是一个没有历史的民族。此话有几分道理,但并不完全准确。奥地利人的历史可以从德意志人的历史中追溯。德意志人是罗马时代居住在莱茵河以东的一支日耳曼"蛮族"的后裔,"德意志"最初指这些日耳曼人使用的语言,后来成了他们的族名。

476年西罗马帝国灭亡后,日耳曼人在西欧陆续建立了许多国家,其中最强大的要属法兰克王国。843年,法兰克王国分裂为操德意志语的东法兰克王国、操罗曼语的西法兰克王国以及中法兰克王国三部分。10世纪初,东法兰克王国逐渐过渡为德意志王国。962年国王奥托一世在罗马加冕称帝,德意志王国也因袭了"罗马帝国"的称号。1155年腓特烈一世再为国号冠上"神圣"二字,从此德意志王国就以"神圣罗马帝国"的名称流传后世。但这个"帝国"从来不是一个真正统一的封建集权国家,境内许多由德意志部族转化来的封建领地一直保持着相当大的自主性。奥托一世之后,历代国王又总是因为加冕和意大利归属等问题与罗马教皇闹得不可开交,反而忽视了对德意志本土的管理。其结果就是王权迅速衰落,各诸侯邦国趁机坐大,帝国终于无可挽回地陷入了四分五裂的境地。困扰德意志民族近千年的统一问题即源于此。

在神圣罗马帝国诸邦国中,对德意志历史影响最大的是奥地利和普鲁士,但两国早期的发展脉络并无交集。"奥地利"这一名称最早见于996年的帝国文献，那时它仅是神圣罗马帝国在东部边境建立的若干个带有军事防御性质的边区之一，归巴奔堡家族世袭统治，并受巴伐利亚公国的控制。边区住民主要是属于西日耳曼人一支的巴伐利亚人，以及其他一些德意志部族和少量非日耳曼的斯拉夫人、阿瓦尔人等。这些人信仰基督教，使用一种德语方言，后来被统称为"奥地利人"，成为德意志民族的一个组成部分。

奥地利边区最初占地非常局促，大体只包括今天奥地利共和国上、下奥地利州的一些地方。边区周围环伺着波希米亚、波兰、匈牙利等几个与神圣罗马帝国敌对的异族国家，同巴伐利亚公国的关系也不怎么融洽。好在最初几代巴奔堡家族的统治者都相当精明，他们一边小心翼翼地维持与皇帝的良好关系，借此提高家族威信，压制边区内的其他贵族；一边又以和平或非和平的手段不断吞并邻近土地，扩大奥地利的势力范围。巴奔堡家族重视发展经济，特别是农业和商业，在他们的治理下，大片农田被开垦出来，种上了大麦、小麦、亚麻等各种作物；畜牧业、乳酪业也在阿尔卑斯天然优良的高山牧场中发展了起来。

1150年以后，多瑙河畔的维也纳渐渐成为奥地利的行政中心和重要的商业枢纽。1156年，边区伯爵亨利二世获得皇帝赐予的公爵头衔，奥地利升格为公国，正式脱离巴伐利亚公国而独立。1192年亨利二世之子列奥波德五世扣押了途经维也纳回国的英格兰国王理查一世，用英格兰支付的赎金在维也纳大兴土木。同年，列奥波德五世还接管了施蒂里亚。1246年巴奔堡家族绝嗣，经过几十年的争夺，奥地利在1278年落入了德意志国王、哈布斯堡家族的鲁道夫一世之手，从此就由哈布斯堡家族不间断地统治了整整640年。

随后的历史证明，奥地利与哈布斯堡家族的结合堪称相得益彰。哈布斯堡家族发迹于瑞士阿尔高，13世纪时还只是神圣罗马帝国境内一个普通的中等诸侯，只在南德意志有几块面积不大且互不相连的领地。鲁道夫一世之所以能在1273年被七大选侯推举为德意志国王（终生未能加冕皇帝），除了他个性低调谦和之外，更主要的是因为在霍亨斯陶芬王朝终结、神圣罗马帝国帝位虚悬20年之后，德意志的大小诸侯不愿再出现一个强势的皇帝，威胁他们自身的利益。但鲁道夫一世绝非任人摆布的傀儡，他继位后竟能够凭着本人卓越的政治军事才能和国王仅存的一点影响力，一举打败主要竞争者、波希米亚的奥托卡尔二世，把奥地利和卡林提亚、施蒂里亚等地方统统抢到手，并作为王室直辖领地精心经营。正是由于得到了这些地盘，哈布斯堡家族一跃成为一支任何德意志诸侯都不敢小觑的力量。鲁道夫一世死后，他的子孙在100多年里以奥地利为根基，不断沿西南方向拓展。到1400年前后，奥地利就和原来哈布斯堡家族的领地连成了一体。当1438

德国施派尔大教堂内的鲁道夫一世墓

年哈布斯堡家族取代卢森堡家族重登帝位时，奥地利已是神圣罗马帝国境内最富强的公国之一。

从1438年到1740年的300余年间，是神圣罗马帝国的哈布斯堡王朝时代。德意志的选侯制度固然无力阻止哈布斯堡家族连选连任皇帝，但皇权也更加虚无缥缈。1356年查理四世颁布《黄金诏书》，确认了选侯在自家领地上拥有至高无上的统治权，皇帝基本无权过问选侯领地的内政，相当于默认了德意志政治分裂的现状。诏书一出，选侯和大小诸侯无不额手称庆。任何可能增强皇帝权力的举措都会招致诸侯的一致反对。

哈布斯堡家族统治者一向笃信君权神授，无法容忍自己只能在奥地利发号施令，他们希望有朝一日能够再造统一的神圣罗马帝国，进而建立一个囊括欧洲乃至全世界的哈布斯堡大帝国。皇帝腓特烈三世对德语中5个元音字母A、E、I、O、U就是"Alles erdreich ist österreich unterthan（一切土地均应属奥地利）"的缩写一说深信不疑。1453年他将奥地利提升为大公国，陆续收回了一些分散在家族各支系手里的奥地利领土，还通过联姻手段为其子马克西米连一世获得了勃艮第，哈布斯堡家族的势力第一次越过了德意志边界。

马克西米连一世继位后大力推行税制和行政改革，取得了不少对后世意义深远的成果。在开疆拓土方面，马克西米连一世与其父一样，把"让别人打仗去吧！你，幸福的奥地利，结婚去吧！"奉为圭臬。拜马克西米连一世巧妙的联姻手段所赐，到1519年其长孙查理五世继位时，哈布斯堡王朝除奥地利外，还领有勃艮第、西班牙和意大利的大部分地区，以及西班牙在拉丁美洲的大片殖民地，版图达到了巅峰。

但在整合帝国内部方面，哈布斯堡王朝的进展却缓慢得可怜。神圣罗马帝国的统一基础本来久已不存，始于1517年的宗教改革运动又使德意志诸侯进一步分化为势同水火的天主教和新教两大阵营，一个世纪后终于酿成了席卷欧洲的"三十年战争"。这一场最初以宗教战争面目出现的帝国内战，不久就演化为法国、瑞典等列强与德意志新教诸侯共同反对哈布斯堡王朝的大混战，作为主战场的德意志地区狼烟四起、生灵涂炭。1648年，旷日持久的战争最终以皇帝为首的天主教阵营失败而告结束。战后订立的《威斯特伐利亚和约》赋予了神圣罗马帝国数百个邦国独立的地位，帝国实质上已经解体。德意志民族在分裂的泥潭里越陷越深。"三十年战争"也是哈布斯堡王朝为统一德意志而做出的最后一次尝试，遭到沉重打击的他们从此再也没有能力和信心去追逐这一目标了。

17世纪以来，哈布斯堡王朝屡屡受挫主要是因为遇到了法国的强力遏制。当时正处在上升期的法国早已完成国家统一，确立了君主专制政体，还有一个经百年战争历练出的具有强大凝聚力的法兰西民族。取代哈布斯堡王朝在欧洲的霸权，是法国波旁王朝，尤其是1661年法王路易十四亲政后对外政策的核心。反观哈布斯堡王朝，其管辖的地盘虽大，但由于来得太过容易，统治下的多个民族差异显著，只是靠着家族联合的形式才勉强捆绑在一起，外战向来难以形成合力。尽管哈布斯堡王朝极盛时号称领土三面包围法国，可是在与法国的长期斗争中胜少负多。到1714年西班牙王位继承战争结束时，哈布斯堡王朝那些靠联姻挣来的领地都快丢光了。不过，失败的结果反倒促使哈布斯堡家族从神圣罗马帝国这一没有实际意义的沉重束缚中脱身，转而专心经营自己的君主国。现在这个以"奥地利"为统称的国家除了核心的奥地利大公国之外，还包括波希米亚王国、匈牙利王国、奥属尼德兰地区，以及意大利地区的几个小王国。之后的200年里，"哈布斯堡君主国"和"奥地利"几乎成为同义词。

1714年以后，哈布斯堡家族日益满足于治理好奥地利本土和继续担任德意志诸侯名义上的领袖。但好景不长，哈布斯堡王朝最后一任皇帝、奥地利大公查理六世没有儿子。在欧洲，因为王朝绝嗣而导致外国势力乘虚而入的先例屡见不鲜。查理六世为国祚能否延续而忧心忡忡，他专门颁布了一份《国是诏书》，规定哈布斯堡家族的领地不可分割，万一他身后无男丁，其长女玛丽亚·特蕾莎将有权优先继位。虽然在查理六世的努力下，大部分德意志诸侯都在这份诏书上签了字，但它究竟能在多大程度上确保玛丽亚·特蕾莎顺利继位，就连查理六世本人心里都没底。果然，1740年查理六世刚一去世，围绕奥地利王位的继承问题就爆发了激烈的斗争。一个来自德意志北方的新兴国家——普鲁士，向奥地利发起了挑战。

二、劲敌普鲁士崛起

普鲁士国家的形成要比奥地利晚得多。12世纪时，神圣罗马帝国在东北方的易北河畔建立了一个名为勃兰登堡的边区。此地不仅与皇帝富饶的直辖领地——奥地利相距甚远，而且极其荒凉贫瘠，素有"砂石罐头"之称。自1134年以后的200多年里，勃兰登堡历经阿斯坎尼、维特尔斯巴赫和卢森堡几个家族的治理，完成了从帝国边区到德意志邦国的进化。1356年，勃兰登堡伯爵被列为德意志七大选侯之一。1411年，来自霍亨索伦家族的纽伦堡伯爵腓特烈六世趁勃兰登堡统治者绝嗣的混乱之机，凭着自己与皇帝西吉斯蒙德不错的私人交情，外加一大笔贿金，将勃兰登堡的临时管辖权抢到了手。1415年，西吉斯蒙德见腓特烈六世治理有方，索性将勃兰登堡连同选侯身份一起赐给了他。此后500年中，勃兰登堡始终都是霍亨索伦家族的核心领地。

霍亨索伦家族徽章

霍亨索伦家族源于士瓦本，由于起点太低，领地又小，一直没成什么气候，只能围在皇帝身边打转，充当打杂的家臣，在大诸侯眼中宛如土包子一样的存在。好在他们的忠诚和耐心终于得到了回报。勃兰登堡虽然地处偏僻、贫穷落后，但山高皇帝远，开发潜力大，霍亨索伦家族在这里发展势力基本不受限制。至于不经意间落到头上的选侯身份，更是把家族的政治地位提到了前所未有的高度。在平定了勃兰登堡的匪患之后，霍亨索伦家族立即着手扩张。由于勃兰登堡人口有限，选侯手下也没有多少士兵，所以这时的霍亨索伦家族也和哈布斯堡家族差不多，主要是通过联姻、继承、购买等方式，不声不响地兼并土地。在近300年的时间里，他们不仅大大扩展了勃兰登堡的疆域，还得到了许多与之不接壤的领地，其中最重要、最有名的就是普鲁士。

普鲁士位于波罗的海沿岸，是13世纪参加十字军东征的德意志骑士团征服的土地，原住民普鲁士人早已德意志化。这个本来臣属神圣罗马帝国的德意志骑士团国家，15世纪时因屡败于波兰，国家被一分为二：以维斯瓦河为界的西普鲁士被割让给波兰；

东普鲁士仍保持独立，条件是须承认波兰为宗主国。普鲁士就此中断了与神圣罗马帝国的联系。1510年，出身霍亨索伦家族一个支系的阿尔布雷希特当选骑士团团长，他在位期间把普鲁士改造为世俗化国家，并尊新教为国教。1525年，波兰封阿尔布雷希特为公爵，是为普鲁士公国的肇始。

阿尔布雷希特和他的儿子阿尔布雷希特·腓特烈是那个年代少有的长寿者，父子相继统治了普鲁士公国100多年。1618年，阿尔布雷希特·腓特烈死后无嗣，他在勃兰登堡的亲戚、选侯约翰·西吉斯蒙德马上闻风而动，以最快的速度接管了普鲁士公国。由于两家早就存在姻亲关系，皇帝和诸侯们对选侯的举动都无话可说。不过为了争取普鲁士的宗主国波兰的同意，选侯又搭上不少钱财，才算达到了目的。勃兰登堡与普鲁士两地相隔甚远，且此时的普鲁士仍处于波兰统治下，因此在相当长的一个时期内，霍亨索伦家族对外主要有两个目标：一是将勃兰登堡和普鲁士连在一起，二是讨回西普鲁士并使东普鲁士摆脱波兰的束缚。

就在勃兰登堡-普鲁士公国成立的当年，"三十年战争"爆发。勃兰登堡选侯兼普鲁士公爵格奥尔格·威廉鉴于国力尚弱，不敢公开支持新教阵营，而是宣布中立，企图明哲保身。但交战各国根本不给公爵面子，照样在勃兰登堡-普鲁士的地面上来回厮杀。1648年战争结束时，勃兰登堡-普鲁士虽然也勉强算是战胜国，但已满目疮痍、人口锐减，被践踏得奄奄一息，连重要的易北河出海口都被瑞典割占。格奥尔格·威廉于1640年去世，没有看到这令人绝望的一幕。振兴勃兰登堡-普鲁士的任务，就留待其子腓特烈·威廉完成了。

腓特烈·威廉是带领勃兰登堡-普鲁士走向强盛的奠基人。他生长于乱世，对国家贫弱有切肤之痛。腓特烈·威廉从"三十年战争"中总结出一个深刻经验，就是一定要效仿法国和瑞典，在国内确立君主专制制度，再训练一支听命于国王的精锐之师。而要做到这两点，就得驯服不听话的贵族、增加人口和政府财政收入。腓特烈·威廉继位后精心设计了一套全新的官僚体制，以确保中央集权能够顺利推行。他恩威并重，对贵族既打击又拉拢，以换取他们对君主的忠诚。他还大力提倡重商主义，竭力扩大税收来源。1685年，腓特烈·威廉允许两万多名遭法国迫害和驱逐的胡格诺派新教徒来到他的国土上定居，这批人为勃兰登堡－普鲁士带来了大量资金、技术和生产经验，大大加速了勃兰登堡－普鲁士的经济发展。这些成效斐然的措施后来还被其他德意志邦国照搬了过去。

腓特烈·威廉在位48年，把勃兰登堡－普鲁士军队扩充到3万之众。但腓特烈·威廉不是穷兵黩武之徒，他总是小心地避免让国家轻易卷入对外战争，因为他知道，勃兰登堡－普鲁士的实力和所处的国际环境并无根本性改变，现阶段还是要依靠外交手段谋求国家利益。1657年，腓特烈·威廉设法取消了波兰对普鲁士的宗主权，就是最好的证明。

腓特烈·威廉之子腓特烈三世在其统治期间（1688—1713）的政绩乏善可陈，甚至有些败家。但在1700年，他却做了一件对勃兰登堡－普鲁士影响深远的事情，那就是为正准备同法国和瑞典开战的皇帝利奥波德一世提供8000名士兵，以换取皇帝授予他一个国王称号。按照神圣罗马帝国的法律规定，帝国境内只能有皇帝兼任的德意志国王和波希米亚国王，而不能有其他国王。普鲁士不是神圣罗马帝国的属地，所以腓特烈三世才会处心积虑地选择在这里称王。心急火燎的利奥波德一世大概不懂得"唯器与名，不可以假人"的道理，未加思索就慨然应允了，这一无心之举给40年后的奥地利挖了个大坑。

1701年1月18日，腓特烈三世正式称王，即第一位普鲁士国王腓特烈一世。相应地,他的头衔也改为"勃兰登堡选侯和在普鲁士的国王"。"在普鲁士的国王"一词相当微妙,它暗示只占有东普鲁士的腓特烈三世还不是整个普鲁士的国王。霍亨索伦家族统治者成为货真价实的普鲁士国王和"普鲁士"演化为霍亨索伦家族所有领地的统称还要再等上70年,但并不妨碍后人提前这样称呼。国王的称号既满足了霍亨索伦家族的荣誉感,也大大提升了勃兰登堡-普鲁士在德意志的影响力。腓特烈一世身后连续几位国王都是雄才大略之主,实为勃兰登堡-普鲁士的幸事。普鲁士国家的上升速度超过了包括奥地利在内的所有德意志邦国,德意志地区从奥地利一枝独秀变成了普奥两强并立。

三、双雄争霸与德意志统一

1273年,当哈布斯堡家族的鲁道夫一世当选神圣罗马帝国皇帝时,霍亨索伦家族还在为得到一块像样的领地而绞尽脑汁。1438年,当哈布斯堡家族开辟属于自己的王朝时,霍亨索伦家族才刚刚在勃兰登堡站稳脚跟。而17世纪,当哈布斯堡家族在为争夺欧洲霸权进行着一场又一场惊心动魄的战争时,霍亨索伦家族还只能在自家门口羡慕地看着各路列强往来驰骋。但就是这么一个数百年来一直默默无闻的德意志边陲诸侯,竟能在18世纪中叶一举取代法国,成为哈布斯堡家族和奥地利最强劲的对手,不能不说是一件令人惊讶的事情。

1714年,西班牙王位继承战争的结束,意味着奥地利和法国一百年的争霸暂告一段落。欧洲势力正在分化重组,短期内不至于爆发大的战争。奥地利查理六世既要忙于处理西班牙王位继承战争遗留的一些领地问题,又要在东方协调与奥斯曼帝国的关系。普鲁士则在有"士兵王"之称的国王腓特烈·威廉一世的治理下,不断强化君主专制、扩充军队，为将来插手德意志事务蓄力。当时，普奥两国曾在波兰王位继承问题上有过一些合作，整体关系还算和谐。

1740年是普奥关系发生决定性转折的一年。5月，腓特烈·威廉一世去世，其子腓特烈二世继位。10月，查理六世也撒手人寰。按照《国是诏书》的规定，应由其长女玛丽亚·特蕾莎继承王位和所有领地。然而德意志诸侯却出尔反尔，不承认玛丽亚·特蕾莎的继承权。其中翻脸最无情、行动最迅速的就是普鲁士国王腓特烈二世。

腓特烈二世时年28岁，比玛丽亚·特蕾莎年长5岁。霍亨索伦家族几代统治者的勤勉积累，留给腓特烈二世一笔可观的财富和一支强大的军队，刺激着这位年轻人迫不及待地走上更大的舞台施展抱负。他向玛丽亚·特蕾莎提出要求，以割让奥地利最富有和工业化程度最高的省份西里西亚为条件，换取普鲁士对她继位的支持。这一政治讹诈被玛丽亚·特蕾莎理所当然地拒绝了，恼羞成怒的腓特烈二世立刻率普鲁士军队直接占领了西里西亚。

死对头玛丽亚·特蕾莎与腓特烈二世

同时，法国、巴伐利亚、萨克森等国也出兵围攻奥地利。年轻的玛丽亚·特蕾莎虽然处变不惊、沉着应战，但奥地利军队已全面落后于经历了军事变革的普鲁士军队。1741年4月，奥军在莫尔维茨会战失利，玛丽亚·特蕾莎被迫与腓特烈二世媾和，将西里西亚让予普鲁士，以便腾出手来对付法国和巴伐利亚等国。1745年初，奥地利的外敌已基本上被肃清，玛丽亚·特蕾莎下令奥军挥师北上收复西里西亚，但旋即被腓特烈二世亲自指挥的普军所败。同年8月，玛丽亚·特蕾莎成功助其丈夫、前洛林公爵弗兰茨当选神圣罗马帝国皇帝，自己则退居幕后掌握实权。为了强化皇统的合法性，玛丽亚·特蕾莎还让她和弗兰茨的后代将"哈布斯堡"冠在本姓"洛林"之前，即"哈布斯堡－洛林"，从而用技术手段解决了哈布斯堡家族绝嗣的难题。一场由奥地利王位继承引发的政治危机被玛丽亚·特蕾莎平稳化解。

　　玛丽亚·特蕾莎对失去西里西亚并不甘心。1756年，奥地利和普鲁士再次开战，史称第三次西里西亚战争。尽管奥地利精心备战十年，军事力量并不逊于普鲁士，但过于谨慎的作战计划和法俄盟友的不靠谱总是使奥军无法取得对普军的决定性胜利，再加上腓特烈二世天才的指挥艺术和关键时刻令人难以置信的好运气，奥地利苦战数年还是未能夺回西里西亚。战后两国签署和约，西里西亚仍为普鲁士所有，奥地利永远失去了这块居住着大量德意志族居民、经济价值和地理位置都十分重要的地区。西里西亚归属的变化引起了普奥两国实力的消长，标志着奥地利在与普鲁士的争雄中处于劣势了。

　　比较一下两国几乎同时启动的开明君主专制改革，也许能找到奥地利渐落下风的原因。玛丽亚·特蕾莎从西里西亚战争中看到了普鲁士实行中央集权制的优越性，决心加以后者。普鲁士在十几年的战争中财产和人口损失甚大，腓特烈二世也迫切需要通过改革重振国力。两国改革的核心目的都是加强君主权力、提高本国在德意志和欧洲的竞争力,主要措施不外乎完善行政、司法和财务制度,改变不合理的农业政策,推行重商主义,普及教育,加快军队建设和军事变革等。对普鲁士来说,这是一百年前腓特烈·威廉改革的延续,执行起来没有遇到太多阻力,因此能够快速医治战争创伤,恢复国家经济,最终晋升为欧洲一流强国。而对奥地利来说,这却意味着从中世纪性质的君主国向近代国家的艰难转变。

奥地利在改革中遇到了两个障碍,即封建贵族势力强大和各民族需求不一致。改革既不能过分触动贵族的禁脔,还要尽可能地照顾到每个民族。玛丽亚·特蕾莎希望推行稳健的改革,让各方面利益均沾,其子约瑟夫二世则认为改革应该更激进一些。但无论是玛丽亚·特蕾莎还是约瑟夫二世,都无法在至关重要的土地和农奴问题上做出根本性变革。约瑟夫二世临终前不得不废除了遭到贵族和非德意志族强烈反对的大部分改革措施,抱憾自己只能眼睁睁看着所有改革计划都付诸东流。奥地利立国比普鲁士早,过往历史更辉煌,背负的包袱也更加沉重。再加上奥地利新兴社会力量的弱小和哈布斯堡家族保守的政治取向,都使它的改革总是不能像普鲁士那样全面而彻底。这种苦头,奥地利以后还要继续吃下去。

第三次西里西亚战争结束后,奥地利再也无法忽视普鲁士在德意志的存在。普奥两国既有过摩擦,如1778年的巴伐利亚王位继承战争;也有过联合,如1772年、1795年两次与俄国共同瓜分波兰。总的来说,奥地利在普奥关系中比较被动。以1772年第一次瓜分波兰为例,奥地利是在无力阻止普俄两国先对波兰下手、唯恐危及自身安全的情况下才参与的。结果也不理想:普鲁士得到了梦寐以求的西普鲁士,实现了两个世纪以来的夙愿;

奥地利虽然平添了一大片领土，但新占领土上的波兰族居民却激化了国内本已复杂的民族矛盾。可以想象，如果没有法国大革命的爆发，奥地利被普鲁士从德意志"共主"位子上拉下来的时间可能还会更早。

奥地利原以为法国大革命是一场内乱，会极大削弱法国，可是不久就发现，法国大革命倡导的平等、自由和民族主义价值观正和哈布斯堡王朝的旧式封建统治理念相冲突。出于对法王路易十六和王后玛丽·安托瓦内特（玛丽亚·特蕾莎之女）一家遭遇的同情，更出于对革命蔓延的恐惧，奥地利赶忙和普鲁士结盟，想向法国发动一场预防性战争。不料法国动作更快，抢先对奥地利宣战。

1792年9月，法军经过艰苦战斗，终于击败了普奥干涉军，乘胜继续向莱茵河西岸进发。奥地利见势不妙，只得把普奥联盟扩大化，纠集大小十几个国家组成了第一次反法联盟。可这个联盟根本挡不住经过大革命洗礼的新型法军的凌厉攻势，勉强支撑到1797年散伙。此后奥地利又几次拼凑起反法同盟，但在1799年起任法国第一执政的拿破仑面前形同乌合之众，屡战屡败。

拿破仑视奥地利、普鲁士和俄国为法国在欧洲大陆上的三个主要敌手，采取远交近攻、逐个拿下的策略对付它们，距法国最近又是宿敌的奥地利首当其冲。尽管哈布斯堡家族抢在1804年拿破仑称帝前匆忙将奥地利升格为帝国，却仍然无法有效整合各领地的力量，反而在拿破仑的一再攻击下几近崩溃，全靠割地赔款外加和亲（1810年拿破仑迎娶了奥地利皇帝弗兰茨一世之女玛丽·路易丝）才免遭肢解。普鲁士比奥地利更惨，1806年10月耶拿-奥厄施泰特战役大败后，一半以上的领土和人口被法国兼并，并支付大笔战争赔款。至此，普奥两国都沦为法国的附庸，整个德意志地区也全部为拿破仑所征服。

奥地利和普鲁士对法国的失败，本质上是落后的封建专制制度对先进的资产阶级制度的失败。两国统治者都意识到了这一点，反应却大不相同。普鲁士痛定思痛，很快掀起了一场比之前任何一次改革都更广泛、更深刻的施泰因－哈登堡改革，加快了从封建专制国家向近代资本主义国家转变的步伐。与此同时，奥地利也有过一场类似的施塔迪翁改革，却因旧贵族的激烈抵制，不久就半途而废。当提倡改革的施塔迪翁被保守反动的梅特涅取代时，也就注定奥地利只能沿着抱残守缺的老路一直走下去，它与普鲁士之间的差距越来越大了。

法国大革命把自由主义和民族主义传播到了德意志，反抗拿破仑的斗争进一步激发了德意志民族的爱国热情，把以往只停留在德意志知识分子呼声中的民族统一问题变成了德意志各邦国人民的共识。为了方便统治，拿破仑将数百个独立的德意志小邦、骑士领地、帝国城市强制合并为30多个大邦，无形中使1648年以来德意志极度分裂的局面大为改观。1815年拿破仑帝国垮台后，虽然奥地利、普鲁士等德意志邦国按照维也纳会议确定的正统主义和补偿原则稳固了王位、扩大了版图，却不可能把变更了的领土和政治格局一一恢复。神圣罗马帝国已被取消，代之的是一个结构松散的德意志邦联。作为邦联内唯一的帝国和德意志传统上的领袖，奥地利当仁不让地担任了邦联主席，普鲁士则雄踞一旁。邦联距离真正统一的德意志民族国家还差得很远，不过多少离这个目标近了一点。

共同的敌人消失了，普奥两国围绕德意志领导权的争夺再次激烈起来。以往普奥争霸很少带有民族统一的色彩，但现在两国都必须正视并力求将这一问题纳入本国的主导下，由此形成了"大德意志"和"小德意志"两种统一方案。奥地利想要组织一个以奥地利为中心的、从北海到地中海的"大德意志国家"，普鲁士则计划建立一个听命于自己的、将奥地利排斥在外的德意志联邦国家。

如果奥地利的构想能够成真，那么将是德意志民族的完全统一。遗憾的是，"大德意志"只是哈布斯堡家族那种一再被证明失败的"普天之下，莫非王土"观念的延续。从皇帝弗兰茨一世到扬言德意志民族"纯系一种神话"的首相梅特涅，似乎都只将"大德意志"作为一种维护奥地利在德意志领导地位的宣传策略而不是行动纲领。梅特涅在国际上凭借维也纳体系支撑起奥地利的大国地位，在国内依靠警察极力压制民众日益高涨的爱国主义热情。他反对政治体制改革，在财政和经济方面的改革成效也不大。梅特涅的做法是符合哈布斯堡家族的统治需要的，但却使奥地利国家的运转变得愈发缺乏活力。

与此同时，将改革进行到底的普鲁士经济上高歌猛进，工商业日新月异，政治影响不断扩大。1834年，普鲁士带头成立德意志关税同盟，经济落后的奥地利无力与之竞争。到1852年，除奥地利之外的绝大部分德意志邦国都加入了德意志关税同盟，意味着普鲁士已经能在经济领域号令全德意志。而1848年德意志三月革命的失败，表明资产阶级无力领导一场自下而上的统一运动，必须交由一个强大的王权来完成，而这个王权已经十分明显得非普鲁士莫属。

自1848年起，奥地利的日子愈加不好过。维也纳的流血冲突、梅特涅的下台、伦巴第和威尼斯掀起的反奥斗争，使帝国一时风雨飘摇。1849年5月，普鲁士邀集萨克森、汉诺威组成"三王同盟"，同盟协议规定普鲁士国王为德意志的全权代理人。6月，普鲁士强迫29个邦国加入了这一同盟。显然，普鲁士想用"三王同盟"代替德意志邦联，使德意志的领导权发生转移。奥地利利用同盟中一些小国对普鲁士专横的畏惧，以及法俄等国希望德意志继续保持分裂的心态，暂时挫败了普鲁士的企图。但随着1862年奥托·冯·俾斯麦出任普鲁士首相，奥地利再也无法阻止普鲁士统一德意志了。

俾斯麦的事迹无须赘述，他是一位为德意志统一事业而生的伟大政治家。俾斯麦坚决支持"小德意志"方案，称"我们的任务是创造在普鲁士国王领导下的德意志民族的统一或为之开辟道路。"在他眼中，同属德意志的奥地利同样是普鲁士统一道路上的障碍之一。俾斯麦对付奥地利的策略极为狡猾。1864年，他邀请奥地利与普鲁士一起出兵攻打丹麦，战后慷慨地把荷尔斯泰因作为战利品分给奥地利。两年后再以奥地利对这个小公国管理不善为由，发动了一场旨在彻底解决奥地利的战争。可叹当时的奥地利朝野，竟无一人能窥破俾斯麦的计谋。

1866年6月14日，德意志历史上具有划时代意义的普奥战争（又称"七周战争"）爆发。战前，俾斯麦以纵横捭阖的高超外交手段让英法俄等几个欧洲大国都保持中立，只留下意大利与普鲁士一起南北夹击奥地利。自第三次西里西亚战争以来，普奥之间还从未发生过大规模战争，人们对两军实力的高下难以立判。奥地利起初以为这只是普鲁士的又一次挑衅，相信很快能够平息争端。这时奥地利能动员的总兵力与普鲁士相差不大，但奥军在人员素质、武器装备、训练水平、通信手段和机动能力等各方面都远远落后于普军。德意志邦联的大多数邦国从奥地利传统的政治优势和对普鲁士军国主义的反感出发，盼望奥地利能获胜。俾斯麦曾回忆说："在维也纳和一些中等邦国的宫廷中，相信奥地利的军事优势十分强烈。"可这些弱小的邦国帮不上奥地利什么忙，最极端的如列支敦士登只派出了一支80人的军队助战。

当时旅居英国的恩格斯也判断奥地利将取胜，他在当年4月写给马克思的信中说："我认为双方的军队大体差不多，战争将是十分残酷的……我认为普鲁士人会被打败……如果第一仗以普鲁士人的大败而结束，那就没有什么东西可以阻止奥地利人向柏林挺进。如果普鲁士获胜，它却没有力量渡过多瑙河，尤其是通过佩斯向维也纳进攻。奥地利能够单独迫使普鲁士媾和，而普鲁士却不能单独迫使奥地利媾和。"

但与恩格斯的预测正相反，普军开战后仅用两天时间即击溃汉诺威、萨克森、黑森等奥地利的同盟军队，迅速攻入波希米亚境内。与此同时，奥军也在南方打败了意大利军队，全力北上迎击普鲁士。7月3日，29.1万普军和23.8万奥军在柯尼希格拉茨附近的萨多瓦村展开决战。经过一天的激烈厮杀，黄昏时分奥军终于不支败退，损兵折将数万人。至此，战局走向基本已定，两军没有再发生大的战斗。7月22日，普奥签署停战协定，结束战争状态。8月6日和23日，两国又先后订立《尼科尔斯堡预备和约》和《布拉格和约》。奥地利耻辱地承认战败并同意：第一，将威尼斯割让给意大利；第二，允许普鲁士吞并汉诺威、黑森、拿骚和法兰克福；第三，解散德意志邦联并且保证不参加新的德意志组织，等于自认被排除在未来统一的德意志国家之外。普奥战争意味着奥地利和哈布斯堡家族几百年来涉足德意志事务的结束，也意味着1740年以来与普鲁士的争霸以完全失败而告终。

普鲁士四年后再接再厉，又以一场速胜打败了阻挠德意志统一的最大敌人——法国。1871年1月18日，也就是普鲁士王国成立170周年这天，一个以普鲁士为核心的、统一而强大的德意志帝国宣告成立。然而这一切都与奥地利无关了，德奥两国的历史就此分离。

四、脱离德意志后的半个世纪

如果说1805年奥斯特里茨之战后奥地利没有被肢解是拿破仑出于维持欧洲均势的需要，那么1866年普奥战争后奥地利得以保留也是俾斯麦基于同样考虑的结果。

老谋深算的俾斯麦虽有"铁血宰相"之称，但并不是无限推崇暴力的军国主义分子。萨多瓦战役结束后，普鲁士朝野一片欢腾，上至国王威廉一世，下至普通士兵都想一鼓作气攻占维也纳。唯独俾斯麦能保持头脑冷静，极力反对彻底粉碎或合并奥地利。一方面是因为俾斯麦担心普鲁士过分的胜利会引起法俄等国干涉，不如见好就收，免得前期战果化为乌有；另一方面也是因为俾斯麦对奥地利与普鲁士能在同一个屋檐下和谐相处不抱幻想。他后来在回忆1815年以来两国在德意志邦联内部纷争不休的历史时说："如果它（奥地利）相应地改变自己的政策，与普鲁士协调一致，而不是通过多数派和其他势力来压制普鲁士，那么在德国我们本来是很可能经历或试行一段时期二元政治的。"然而，"这种二元政治是否能够以一种德意志民族感情可以接受的精神，持久地防止内部的分裂，和平地发展下去，这是值得怀疑的。"德奥两国一个多世纪的激烈对抗和彼此严重的不信任感，以及奥地利不肯轻易放弃自己在德意志传统领导地位的事实，都使俾斯麦认定普奥两国"在平等的基础上的一种生存方式成为不可能"。

纷繁复杂的民族问题，是促使俾斯麦放弃奥地利的另一重要原因。奥地利没有主体民族，政治上居于统治地位的德意志民族在全国人口中的比例还不到四分之一。马扎尔（匈牙利）、捷克、波兰等几个主要民族不仅占据了奥地利近60%的人口，而且普遍具有较强的离心倾向。19世纪以来，奥地利境内多次爆发民族革命，俾斯麦讽刺奥地利是"一条颠簸的国家航船"。此时合并奥地利无异于引火烧身，将会把尖锐的民族矛盾带入新成立的德意志帝国。那么只占领奥地利的德意志部分是否可取呢？俾斯麦说得很明白，那就会使奥地利的剩余地区，也就是"从蒂罗尔到布科维纳的欧洲这一广大地区"陷入分裂和混乱，导致德意志帝国失去东南欧的重要屏障。因此，俾斯麦得出了最终结论："德意志—奥地利，无论作为整体还是部分，我们都不需要。"

由于俾斯麦的坚持，奥地利侥幸躲过了亡国的厄运。就1866年夏天的形势看，并不是没有这种可能的。当时连皇帝和皇后都准备逃往匈牙利了，结果却是奥地利除了丢掉威尼斯之外，领土基本保持完好，同时只需要向普鲁士象征性地支付一小笔战争赔款即可。但这并不是因为奥地利强大，而恰恰是因为它相对虚弱。

战败使哈布斯堡家族的权威暴跌，动摇了它的统治基础。为了延续国祚，1867年2月，皇帝被迫向匈牙利族让渡部分权力，将奥地利帝国重组为奥匈二元帝国。匈牙利升格为自主权更大的王国，由皇帝兼任国王，帝国的其余领土则被泛称为"西斯莱塔尼亚"。哈布斯堡家族做出妥协是为了向普鲁士复仇，期待有一天能够重新君临德意志，但德意志帝国的成立使哈布斯堡家族的这个愿望落了空。奥匈帝国和德意志帝国之上再也没有类似神圣罗马帝国或德意志邦联那样的超国家组织，德意志民族共存于德奥两国成为既定事实。

奥地利并不是唯一一个在1871年之后脱离了德意志的邦国，但它毕竟不同于卢森堡、列支敦士登那样微不足道的小邦。从民族统一的角度看，"小德意志"方案显然不够彻底。从名义上的德意志老大沦落到被逐出德意志形成的强烈反差，令许多推崇"大德意志"方案的奥地利人士大失所望。就在奥匈帝国成立当年，维也纳即出现了第一个德意志民族运动组织。它以萌发于拿破仑战争时期的泛德意志思想为指导，强调"所有说德语的德意志人都应生活在同一个国家"。很快，泛德意志思想在奥匈帝国传播开来，催生出了一大批形形色色的极端德意志民族主义者。

德意志民族派的首领格奥尔格·冯·舍纳雷尔就是此类人

物的代表。他生于1842年,在维也纳的一个富裕家庭中长大,1866年以前一直在乡下打理自己的庄园。奥地利在普奥战争中的失败和德意志帝国的成立大大刺激了舍纳雷尔,从此他怀着对俾斯麦的仰慕弃农从政。舍纳雷尔主张摧毁奥匈帝国,将其德意志部分合并到德意志帝国。他反对哈布斯堡王朝的统治、反对天主教、反对犹太人、反对占领波斯尼亚和黑塞哥维那,总之奥匈帝国的一切他都反对。用舍纳雷尔自己的话说,就是"现在这个奥地利国家的一切都是腐烂的"。

1873年,舍纳雷尔当选帝国议员,没过多久他就以充满挑衅性的演讲出了名。大多数议员认为舍纳雷尔是一个政治争端的制造者,都非常讨厌他。在一次帝国议会上,由于赤裸裸地宣扬德奥合并,舍纳雷尔遭到了议员们的群起围攻,只得狼狈离场。

1882年,舍纳雷尔及其追随者在林茨建立"德意志全国同盟"并发布《林茨纲领》。纲领中极力突出"大德意志"理念,呼吁与德意志帝国密切合作、强化德语在奥匈帝国的使用。他号召奥匈帝国的德意志族以佩戴德皇威廉一世最喜爱的蓝色矢车菊和身披象征德意志民族主义的黑红金三色斗篷来表达对德意志人的身份认同,还鼓动受蛊惑的德意志族大学生到街头闹事,借此壮大组织的声势。

舍纳雷尔对组织成员有严格要求:必须是德意志族,不能有犹太或斯拉夫籍的亲戚或朋友,身体健康且只能与雅利安人通婚。舍纳雷尔以出色的演说技巧和鲜明的个性折服了大批信徒,被这些人尊称为"元首"。这个称号和他的许多理念后来都被另一个来自奥地利的狂人沿用。

处于内忧外患中的奥匈帝国无力阻止泛德意志思想的传播。帝国独特的二元体制依然保留了旧的王朝国家模式,它的弊端在于无法培养出超越民族认同的国家认同,帝国只能靠各民族对哈布斯堡王朝和皇帝的忠诚来维系才不至于分裂。"奥地利人"没有成为奥匈帝国全体人民的统称，而是退化为"帝国德意志族"的专指。

到19世纪七八十年代，维也纳、因斯布鲁克和格拉茨等地的高校成为激进德意志民族主义的重要阵地，宣传泛德意志思想的"德意志学生协会"吸引了大批德意志族学生加入。这些学生（也包括一些教师）以传唱德意志帝国国歌《德意志高于一切》为俾斯麦遥祝寿辰、反对天主教和犹太族裔等方式表达自己的政治观点。更不用说许多普通德意志族民众仍对当年奥地利倡导的"大德意志国家"抱有深厚感情。

俾斯麦本人对此也深有体会。1879年，他出访奥匈帝国时写道："在离开加施泰因经过萨尔茨堡和林茨的旅途中，各个车站上群众对我欢迎的态度使我深刻意识到，我是在真正德意志的土地上，是在德意志居民中间。"他由衷地感慨，即使德奥两国过去经历了一连串战争，但"奥地利德意志人的日耳曼感情……并没有被窒息"，两国仍是"血亲"。俾斯麦不想给奥地利留下长久的痛苦记忆。早在1871年秋天，在俾斯麦的建议和德奥统治阶层的共同意愿下，两国消弭了普奥战争以来的对立情绪，恢复了"德意志兄弟"的密切关系。

但俾斯麦能做的也就到此为止了。由于始终将奥匈帝国的存在当作德意志帝国必不可少的安全保障之一，俾斯麦对舍纳雷尔等人请援的呼声反应甚是冷淡。德意志帝国中的德意志民族主义者对帝国政策的影响也相当有限。俾斯麦去职后，年轻的皇帝威廉二世醉心于掠取海外殖民地，既无暇也无兴趣考虑德意志帝国和奥匈帝国的合并问题。1897年，德意志帝国外交大臣伯恩哈德·冯·比洛在一份备忘录中直截了当地指出："我国对奥地利德意志族为了增强内部凝聚力、保持德意志属性和维持奥地利现状所进行的斗争表示深切同情，但如果这种斗争是以寻求将奥地利的德意志地区分离出来和恢复1866年的状态为目的，那么这些德意志民族主义者将得不到我国任何支持。"

在奥匈帝国国内，舍纳雷尔一派既无力独自推翻哈布斯堡王朝，又没有获得社会各阶层的一致认可，更缺乏外部势力的支持。德意志民族派至19世纪末就逐渐式微了。舍纳雷尔唯一的安慰，是死后得以安葬在距自己偶像俾斯麦墓地不远的一处地方。

奥匈帝国和德意志帝国共存了半个世纪。德奥合并作为一种政治理念，尚不具备可行性。两国合并的真正契机，还要等到20世纪初才能出现。

第二章

"德意志奥地利"
(1918—1919 年)

一、帝国坍塌，共和国诞生

若以人口和领土论，1867年以后的奥匈帝国依然是仅次于俄罗斯帝国的欧洲第二大国。但当19世纪末新老列强掀起一波瓜分世界的狂潮时，奥匈帝国除了在1900年派出一支几百人的军队加入侵华的八国联军，事后在天津得到一小块租界之外，就再也无所作为。当时连小小的比利时王国都在非洲有个比属刚果，相比之下奥匈帝国显得十分另类。这是因为在治理奥匈帝国这样一个由十几个民族和多种宗教信仰组成的混合体时，哈布斯堡王朝的统治者不得不把大部分注意力集中在国内。

清末资产阶级维新派领袖康有为在游历欧洲诸国后，曾对奥匈帝国有过一番精辟评论："奥之海军不大著，远不如德、法者。昔吾疑奥海岸太少，今考之有三千八百里之海线，亦不少矣。所以不能大振者，仍根于国人语文不一，政化难兴，内安未遑，故无暇外略也。故不独德随英、法之后大振海军，醉心殖民之地，即意（大利）亦狡焉思启。惟奥以最大之国，乃最逡巡保守，不能肆域外之观焉，甚矣！"另外，奥匈帝国的工业水平与英、法、德等国有很大差距，加上地处欧洲腹地的不利条件，都使它难以积蓄开拓海外殖民地所必需的海上力量。1871—1879年任帝国外交大臣的安德拉西伯爵承认，奥匈帝国天生是个"防御性的国家"，不适合从事领土扩张。但是，身处帝国主义横行的时代，不扩张就等于放任对手壮大，威胁本国的生存。奥匈帝国是典型的四战之地，西有传统强邻法国，东北是庞大的俄罗斯帝国，一北一南则是新近统一、野心勃勃的德意志帝国和意大利王国,能留给它施展身手的就只剩东南方向的巴尔干半岛了。

穷山恶水的巴尔干半岛民族成分复杂,经济价值不高,唯其地理位置极为重要。原来的主人奥斯曼帝国早已衰落,俄国成了奥匈帝国在这里的主要敌手。奥匈帝国很清楚,它没有能力和俄国单挑,必须依靠其他大国——特别是德国的协助。俄奥两国在巴尔干半岛对抗,符合德国遏制俄国势力西进的需求。

1879年10月,德国与奥匈帝国缔结了同盟条约,规定任何一方在受到俄国攻击时另一方必须全力援助。虽然如此,德国也不愿因为过分偏袒奥匈帝国而影响到德俄在其他欧洲重大问题上的合作,所以俾斯麦也时不时利用1873年结成的德、俄、奥"三皇同盟",控制一下俄奥关系的走向。奥匈帝国虽得到了德国的援手,却逐渐丧失了外交上的独立性。1890年德皇威廉二世继位后奉行疏远俄国的战略,德国不能继续有效协调俄奥之间的矛盾。奥匈帝国别无他法,只能紧紧依附于德国。

1878年7月,在重新划定巴尔干势力范围的柏林会议上,奥匈帝国分得了原属奥斯曼帝国的波斯尼亚和黑塞哥维那。由于两地居民都以斯拉夫人为主,奥匈帝国因此招来了塞尔维亚的怨恨。塞尔维亚虽是个小国,从奥斯曼帝国独立出来的时间也不长,却一向自视为巴尔干斯拉夫人领导者,又恃有俄国做后台,并不畏惧奥匈帝国。

1908年10月,奥匈帝国在尚未与俄国达成一致的情况下,就正式宣布兼并波斯尼亚和黑塞哥维那。这个冒失举动不仅惹来了俄国的强烈抗议,更使早就把两地看成自家后院的塞尔维亚愤怒不已。尽管德国力挺奥匈帝国,迫使俄国和塞尔维亚做出让步,但双方的仇恨已到不可化解的程度。

1912年和1913年,塞尔维亚连续参加两次巴尔干战争并大获全胜，领土几乎增加了一倍，建立"大塞尔维亚"的野心也膨胀起来。在奥匈帝国看来，如今在巴尔干扩张势头最猛的已不是俄国，而是塞尔维亚了。为了恫吓这个又小又硬的对手，奥匈帝国决定在邻近塞尔维亚的波斯尼亚举行一场大型军事演习。演习日期故意选在1914年6月28日，即塞尔维亚被奥斯曼帝国征服525周年的纪念日。但事与愿违，亲临波斯尼亚观看军事演习的奥匈皇储斐迪南大公夫妇双双被狂热的塞尔维亚民族主义分子普林西普刺杀。几经交涉无果后，奥匈帝国就以萨拉热窝事件为借口，于一个月后向塞尔维亚宣战。

依人们通常的看法，是德国挑起了两次世界大战。但准确地说，第一次世界大战是奥匈帝国率先发动的。奥匈帝国的战略意图是：占领塞尔维亚、独霸巴尔干半岛，顺便再拿下亚得里亚海和爱琴海的出海口。然而奥军的表现十分拙劣，战争刚开始不久，大批奥军主力就在东线战场连遭俄军毁灭性打击，几乎把同期德军对俄军取得的战果抵消殆尽。更令人诧异的是，没有德军助战，奥军竟然连事先根本没有放在眼里的塞尔维亚军队都打不过。整个"一战"期间，奥军只在南方战线与战斗力同样不堪的意大利军队勉强打了个平手。德国见势不妙，只得在成立德奥联合统帅部时一并接管了奥军的指挥权，把不争气的奥匈帝国降到了仆从国的地位。1916年11月21日，在位68年的奥皇弗兰茨·约瑟夫一世病故。奥匈帝国差不多就是由这位86岁高龄的老皇帝一个人统治过来的，他的去世预示着奥匈帝国气数已尽。

第一次世界大战的结局早在战端初启时就已注定了。同盟国集团仅德国、奥匈、奥斯曼和保加利亚4个国家，其中只有德国为即将到来的大战做了充分准备，拥有一支兵员素质较高、装备先进的军队。奥斯曼帝国腐朽不堪，保加利亚是上一年巴尔干战争的大输家，实力都不堪一击。奥匈帝国虽稍胜一筹，但军队的训练水平和武器装备仍然与德军相差甚远,又被内部纷争的民族问题严重削弱了实力,更要命的是高层指挥无方。同盟国的经济也几乎完全仰仗于德国一方。就是这么几个国家,却要面对以英、法、俄、意(后期还要加上美国)等大国组成的协约国集团,无论是人力还是物力都处于绝对劣势。同盟国唯一的胜算就是利用战争初期兵力集中、先发制人的优势速战速决,但1914年9月第一次马恩河战役失利后,这种可能性也丧失了。

历经4年艰苦的消耗战,到1918年初,谁都能看出同盟国战败只是个时间问题了。战场上的节节失利造成哈布斯堡王朝统治不稳,国内政治危机和民族矛盾不断加剧,奥匈帝国面临分崩离析。恰在此时,美国总统伍德罗·威尔逊为解决战后的世界和平问题发表了著名的"十四点计划",其中第十点"对于奥匈帝国统治下各民族,我们愿见他们的国际地位获得保证和确定,并对其发展自治给予最大程度的自由机会",不啻为奥匈帝国敲响了丧钟。尽管威尔逊提出"民族自决"原则的初衷只是让各民族"自治"而非"独立",但事态的发展犹如多米诺骨牌一样,很快就超出了他原先的设想。波兰、捷克、匈牙利各族抓住这个千载难逢的机会,紧锣密鼓地筹建自己的国家。10月,各民族脱离奥匈帝国之势已不可抵挡。到11月3日奥匈帝国投降时,它只剩一个空壳了。

奥匈帝国的德意志族是各民族中最后一个放弃拯救帝国和哈布斯堡王朝的想法的。10月21日,帝国议会中的德意志族议员仓促成立了"德意志奥地利临时国民议会",几天后通过了共和宪法。奥匈帝国第二任、也是最后一任皇帝卡尔一世眼见无力回天,只好声明放弃一切权力,跑到瑞士当起了寓公,几年后死于肺炎。11月12日,临时国民议会宣布成立共和国,全称"德意志奥地利共和国",即奥地利第一共和国,红白红横条旗被定为新的国旗。昔日偌大的奥匈帝国灰飞烟灭,此刻奥地利民众最关心的是，这个从帝国废墟中诞生的小国，能否在战后严峻的政治和经济形势中生存下来。

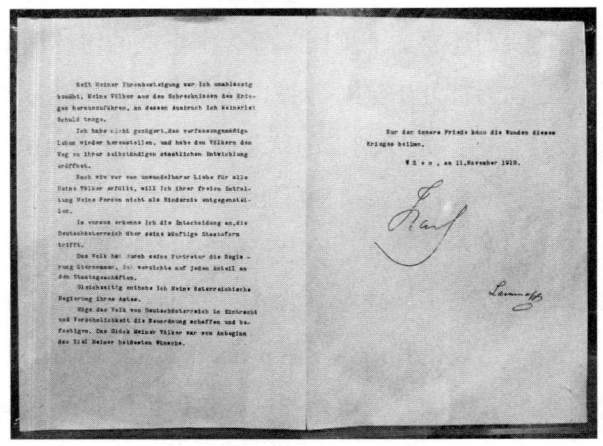

卡尔一世的退位声明

二、密谋与德国合并

第一次世界大战彻底改变了奥地利的地缘政治面貌，新出现的、充满敌意的国界线切断了奥地利赖以生存的经济命脉。匈牙利拒绝向奥地利出口粮食，捷克斯洛伐克实行严格的煤炭禁运，战后的通货膨胀又使许多奥地利中产阶级变得一贫如洗。像维也纳这样以满足中产阶级需求为基础的城市，遭受的打击比奥地利其他任何地方都要沉重。著名奥地利作家斯蒂芬·茨威格回忆说："当时的奥地利还笼罩着早年专制皇朝的阴影，在欧洲的地图上是一块捉摸不定、毫无生气、灰溜溜的地方。捷克人、波兰人、意大利人、斯洛文尼亚人都把他们自己居住的地方分割走了；奥地利只剩下残缺不全、好像还在淌着鲜血的躯干。在那六七百万不得不自称是'德意志族奥地利人'中间就有200万人拥挤在首都维也纳。他们在那里挨饿受冻。"茨威格形容自己从瑞士返回奥地利前所做的准备就像"去北极探险"：要携带大量食品和巧克力，要准备保暖的大衣和毛衣，就连鞋子都要预先换好新鞋底，因为这些东西奥地利通通奇缺，丢失了就无法补充。对普通的奥地利人来说，1918年的冬天格外寒冷，加上西班牙流感正在肆虐，要不是协约国及时施以援手，很多人恐怕就熬不到来年了。

比起物质上的困顿，更让奥地利人难以接受的是国家颠覆性的变化。多少世纪以来，奥地利人已经习惯于生活在一个大帝国中，习惯于以统治民族的角度俯视国内其他民族。匆忙间成立的奥地利第一共和国不仅丢掉了所有的非德语区，就连讲德语的南蒂罗尔也被意大利占领了，现在的它仅是一个人口不足700万、面积仅8万多平方公里、丧失了全部海岸线的中欧内陆小国。严酷的现实深深地挫伤了奥地利人的自尊心，致使他们对新国家的认同感低得出奇。几乎没有多少人想永远做"奥地利人"：萨尔茨堡等一些毗邻德国的地区，正在憧憬着加入德国；蒂罗尔的居民称如果不能被德国接纳的话，宁可分家另起炉灶；福拉尔贝格州则认为从文化背景和经济联系的角度考虑，它更应该成为瑞士联邦的一部分。

奥地利政府现在迫切需要解决严重的经济和政治危机，让民众获得国家认同感和归属感。而政府能想到的最简单、最直接的办法，就是与德国合并。德国虽然也战败了，但家底仍旧比奥地利丰厚得多，选择和它"抱团取暖"再合适不过。还有就是，奥匈帝国的崩溃使中欧和巴尔干地区变得支离破碎，也使奥地利成为一个以德意志族为主体的单一民族国家。半个世纪前，俾斯麦反对德奥合并的两个理由——为德国提供东南欧的安全屏障和避免卷入奥匈帝国的多民族纠纷——都已不复存在。今天人们看到"德意志奥地利"的国名也许会感到怪异，但当年奥地利正是要用这种方式，凸显本国的德意志属性，为德奥合并制造舆论。

德意志奥地利共和国时期发行的明信片

就在第一共和国成立当天,奥地利临时国民议会即集体表决赞成与德国合并。首任总理、奥地利社会民主党领袖卡尔·伦纳在就职仪式上说:"此时此刻,生活在各地区的德意志人民都应该明白,我们是同一个民族,有着共同的命运。"他还说,在德奥合并实现前,奥地利人民"没有自己的国家"。伦纳的讲话得到了台下许多议员的热烈响应。外交部长奥托·鲍威尔认为,德奥合并只不过是两国正常行使美国总统威尔逊倡议的"民族自决权",希望协约国能够尽快予以承认。奥地利驻德国大使鲁多·哈特曼也从柏林发回电报,建议两国合并的速度越快越好,最好是能在和平会议召开前完成,那样就可以让协约国的反对失去借口。茨威格在《昨日的世界》中写道:"按照各种世俗的预见,这个由战胜国人为制造的国家是无法独立生存的——所有的政党,各种社会主义的、教会的、民族主义的政党,都是喊着这种腔调——看来,这个国家自己也完全不愿独立存在。就我所知出现这种悖理的情况，在历史上还是第一次：一个国家被迫独立存在，而它自己却竭力加以拒绝。奥地利的愿望是，要么和那些原来相邻的国家重新合并，要么和同一民族的德国统一，而绝不愿在这种被肢解的状态下过一种屈辱的乞丐似的生活。"11月16日，鲍威尔代表奥地利政府正式向德国发出了合并的请求。

回到一个月前，也就是德国投降前夕的1918年10月14日。德国军方二号人物、军需总监鲁登道夫曾致信德国政府，建议德国以保护奥匈帝国境内的德意志族为由，直接兼并奥匈帝国的德意志部分，弥补将来因战败造成的领土损失。德国政府仔细研究之后认为，鲁登道夫的建议虽有一定道理，但贸然发起军事行动的风险太大，法国可能会趁机向德国索取阿尔萨斯—洛林和莱茵兰地区。最终，这个建议被否决了。

11月9日，德意志帝国被革命推翻，政权落到了德国社会民主党右翼手里。11日，德国向协约国投降，第一次世界大战结束，但德国国内燃起的革命烈焰却一发不可收拾。尽管德国各大报刊拼命为德奥合并大声喝彩，社会民主党、中央党、人民党等主要政党的意见也高度一致，哈特曼更是兴奋地向奥地利政府汇报说："德国各界显然都看好德奥合并。"可德国政府此时正忙于剿灭革命，一时顾不上理会奥地利的请求，更拿不出什么推动合并的具体措施。

1919年1月初，同样对德奥合并急不可待的德国驻奥地利大使韦德尔向国内呈送了一份报告，指出奥地利民众对德奥合并的热情不会一直持续。许多奥地利天主教徒不愿意加入新教的德国，奥地利的银行家和工业家惧怕德国同行的竞争，还有一些旧贵族时刻想着复辟奥匈帝国。韦德尔特别提醒说，严重的食品短缺问题最有可能使奥地利滑向协约国一边。他敦促德国赶快行动起来，不要让奥地利等得太久。

2月6日，德国制宪国民议会在小城魏玛召开。11日，社会民主党领袖弗里德里希·艾伯特当选总统，魏玛共和国时代开启，动荡了几个月的德国政局趋于平缓。艾伯特一上任就声称，德国不会再在德奥合并一事上原地踏步。他说："我们郑重宣布放弃在国与国之间动用武力的想法，不强迫任何人与德意志共和国统一，但愿意统一的人绝不会被拒之门外。"新当选的德国外交部长布罗肯多夫－朗曹也在2月14日发表了类似的观点："我们仅仅是对国家成立时出现的一点失误做了迟到的弥补，料想和平会议必不致加以反对。"受此鼓舞，奥地利各政党领导人纷纷表达了对德奥合并的欢迎，许多奥地利的州、市政府以及社会团体都争先恐后向德国发去了呼吁合并的电报。这些热情洋溢的举动一经报道，立即在德国社会激起了强烈反响。许多人走上街头，高呼"奥地利的同胞们，我们在等着你们"的口号，热切盼望两国结为一体。2月21日，德国议会就奥地利议会三个月前通过的两国合并决议做出了肯定的回复，德国政府也准备与奥地利政府就合并的细节开展谈判。

鉴于德奥两国国力相差悬殊，所以德奥合并的实质是奥地利加入德国。为了让合并过程有法可循，制宪国民议会专门在起草中的《魏玛宪法》第二条规定："联邦领土，由德意志各邦构成。其他地方，如其人民照自决原则愿归属者，得依联邦法律接受，使归入于联邦版图。"第六十一条则专为奥地利量身定制："奥地利国，在合并于德国之后，其参加联邦参政会之权利，亦得按人民数目，得同等之票权。"

2月15日，奥地利议会也再次举行了选举，有超过60%的议席被支持德奥合并的社会民主党等党派赢得，这就确保了将来议会就德奥合并表决时肯定能获得多数通过。26日，鲍威尔亲赴魏玛参加谈判。3月2日，他带着与德国政府秘密签署的合并协定草案回到了维也纳。在这份草案中,德国给奥地利开出了不少优待条件,包括同意奥地利以一个联邦实体的身份加入德国、德国总统定期驻跸奥地利、德国议会每年择机在奥地利开会、德国政府将吸纳一定比例的奥地利籍人士等等。草案还为奥地利最紧迫的经济恢复做出了多项承诺,如开凿一条连通莱茵河和多瑙河的运河以方便奥地利与德国其他地区的贸易往来,允许奥地利在一个时期内和原属奥匈帝国的几个国家单独缔结商贸协议,并且可以在关税方面享受一些优惠等。尤为重要的是,德国还表示愿意承担奥地利欠下的大部分外债。

由于谈判一帆风顺,奥地利便觉得没必要再隐瞒下去了。3月12日,奥地利议会公开宣称"德意志奥地利是德意志共和国的一部分"。4月10日,一个德国金融委员会代表团访问维也纳,任务是考察奥地利的债务情况,并制定德国马克和奥地利克朗之间的合理汇率。这时的德奥两国,俨然已经以一个国家的形象示人了。

可惜,德国和奥地利都高兴得太早了。作为战败国,它们并不能掌控自己的命运。两国在协约国都没有派驻外交人员,无法及时获得有价值的情报,更不了解协约国对战败国的处置意见和在德奥合并问题上的态度,就连2月份的谈判也是背着协约国私自进行的。而如果得不到协约国的首肯,那么3月2日的德奥合并协定就是废纸一张。

三、巴黎和会上的外交折冲

1919年1月18日,旨在安排战后国际秩序的和平会议在法国巴黎召开。围绕着怎样惩处战败的德国这一重大议题,实际主导会议的英、法、美三国之间产生了不小的分歧。对德奥合并的看法,三国也大相径庭。

油画《巴黎和会》(威廉·奥尔本绘)

还在第一次世界大战如火如荼之际,英国就已倾向于拆解奥匈帝国。到1918年下半年,英国看出奥匈帝国在战败和"民族自决"思潮的双重冲击下已是穷途末路。但直至巴黎和会召开前,英国仍然没能就新独立的奥地利制定出一个相对成熟的政策。英国外交界出现了两种声音,一种是主张尊重奥地利加入德国的意愿,让德奥两国自由合并;另一种是建议将奥地利、匈牙利、捷克斯洛伐克等从奥匈帝国分裂出来的国家组成一个"多瑙河邦联"。支持德奥合并的人士提出的理由是:天主教的奥地利并入新教的德国能够冲淡后者的普鲁士军国主义氛围,况且目前看不出德奥合并对英国有什么"显而易见的危险";剥夺奥地利行使"民族自决"的权利将滋生新的民族问题,还会把奥地利推向德国,成为下一次大战时德国的忠实盟友。赞同"多瑙河邦联"观点的人士则认为奥匈帝国消失以后，德国必然会向巴尔干地区渗透势力。为了维持中欧的稳定，一个类似于旧奥匈帝国的邦联制国家还是有必要存在的。

1918年11月9日，英国一家名为《新政治家》的刊物登出文章，称奥匈帝国的崩溃使奥地利的德意志民族与德国重新建立了联系，他们想要"回家"与德国同胞生活在一起，这是"一种我们应该尊敬和理解的愿望"。由于《新政治家》与英国首相劳合-乔治的政治倾向很接近，所以外界猜测它实际反映了劳合-乔治和英国政府对德奥合并的看法。不过，"一战"才刚结束，英国民众对不久前还在战场上厮杀的敌人德国普遍感到厌恶和怀疑，坚持必须要让德国在领土上付出代价，德奥合并也被视为对英国安全的潜在威胁。11月5日《泰晤士报》称，有大量证据表明德国正在试图"用谈判获得那些凭武力得不到的东西"。有鉴于此，劳合-乔治在巴黎和会上比较谨慎。他想劝阻德奥两国先不要急于求成，奥地利应暂时保持独立，将来再视形势的发展做决定。

法国的态度比英国明确得多。"一战"末期，法国国内也有过支持德奥合并的观点，但没多久就销声匿迹，取而代之的是从政府到民间的一致反对。第一次世界大战的惨胜令法国民众心有余悸，对能否再次打败德国缺乏信心，全社会上下都想一劳永逸地解决德国这个宿敌。历史学家、记者雅克·班维尔撰文警告说，魏玛共和国与德意志帝国没什么区别，德国的势力迟早还会越过莱茵河。法国在中欧有着广泛的利益需要保护，革命后的俄国又已指望不上，如果德奥合并就意味着将来4000万法国人要单独对抗8000万德国人。他力主保留奥匈帝国的框架，组建一个包括奥地利在内的邦联制国家。

1918年10月16日，一向被看作是法国外交部喉舌的《时报》

发表一篇措辞激烈的文章，称"不管何种代价或条件，我国都不能允许奥地利并入霍亨索伦帝国……无论德国政府首脑是鲁登道夫还是谢德曼，也无论德国奉行俾斯麦主义还是马克思主义，德奥合并都不属于民族统一的范畴，而是普鲁士国家想迫使一个与之完全不同的德意志族群屈服于它。"基于这种心理，法国虽然与奥匈帝国是交战国，却并不想看到后者解体。11月初，法国根据一些情报研判德国有向奥地利进军的迹象，曾一度想在德国之前直接出兵抢占奥地利。12月29日，法国外交部长斯特非·毕盛在一次议会辩论中清楚地表达了对德奥合并的警惕。他说，德国利用德奥合并不仅可以在领土问题上"堤内损失堤外补"，而且还能顺势控制东南欧地区。法国作为战胜国，决不能眼看着位于中欧核心地带的奥地利被德国吞并。

1919年2月，随着奥地利议会选举结果揭晓和德奥秘密谈判一事逐渐浮出水面，法国的态度愈加强硬。法国舆论分析，德奥合并不是出自奥地利的本意，而是受到了德国怂恿，法国必须坚决反对这种"纯粹人为的煽动"。3月，《时报》接连多期不厌其烦地提及奥地利和莱茵兰一样是"法国、比利时、瑞士、荷兰和欧洲其他地区的安全保障"。《时报》还忧心忡忡地再次论证了班维尔的观点：法国人口增长缓慢，而德国是一个拥有6600万人口的大国，以后还有可能加上700万奥地利德意志人和200万波希米亚德意志人，法国正在慢慢地输掉这场"看不见的战争"。巴黎和会的主角之一、法国总理克里孟梭扬言，他无意为法国的敌人增加领土和人口，必须确保奥地利的永久独立。

英法在德奥合并问题上的迥异立场，反映了战后两国欧洲政策的差别。英国从传统的维持欧洲均势的角度出发，不愿法国一家独大，反对过分宰割德国。而且英国认为，公然违反"民族自决"原则会使协约国在道义上居于劣势。法国在过去几十年里屡遭德国祸害,它把德国战败看成重夺欧洲霸权的绝佳机会,必欲最大程度削弱德国。对于奥地利,英法两国本没有什么成见,也深知它的糟糕处境,但如果让奥地利与德国搅和在一起,那就另当别论了。不过,英法都无意让德奥合并这个不大不小的问题拖延巴黎和会的进程,于是想借重一下美国的意见。

美国一向在欧洲事务上持比较超然的姿态。威尔逊总统是一位充满自信的理想主义者,很难说他的"十四点计划"是经过精心考虑的。曾为威尔逊撰写《当前形势:战争目的与和平条款》备忘录①的著名新闻评论家沃尔特·李普曼和《纽约世界报》编辑弗兰克·科布认为:奥地利人有权把握自己的命运,不过别指望有人会帮他们抵挡来自法国的阻力。虽然奥地利各界对威尔逊寄予厚望,一些奥地利人还在1918年11月16日向威尔逊发起请愿:"总统先生既然已将民族自决权交给了波兰人、意大利人和南斯拉夫人,让他们在奥地利周边建立了民族国家,我们相信你也一定会把同样的权利赋予奥地利的德意志人民。"但按威尔逊的本意,"民族自决"只是用来解放那些受压迫的弱小民族的,至于它是否适用于德国和奥地利的德意志族,连威尔逊本人也没想清楚。在赴法国参加巴黎和会前,威尔逊不太了解德奥合并的深层原因,以为这只是一个由奥地利经济困难而引起的突发事件。随着欧洲经济形势的好转,奥地利要求与德国合并的呼声就会自然消失。后来一些德国和奥地利的历史学者考证说,威尔逊到巴黎后受了法国的欺骗,才放弃了对德奥合并的支持,这是缺乏根据的。其实,威尔逊的奥地利政策一直很模糊,他也并不真正关心奥地利的前途。

1919年3月1日,在巴黎和会的一次全权代表会议上,美国国务卿兰辛表示,目前他尚不了解美国政府对德奥合并持何种立

---

① 即"十四点计划"的草案。

场，但他个人相信，任何想阻止德意志民族最终统一的想法都是不现实的。两天后，兰辛又在另一次会议上说，如果反对德奥合并的建议是由某个大国提出的，那其他国家都应认真对待，不过这不代表美国一定要在关乎欧洲领土变动的重大问题上发挥主导作用。兰辛模棱两可的说法表明美国既要避免违反"民族自决"原则，又不至于因为同英国站在一边而与法国伤了和气。所以美国始终不肯出头，而是暗中居间协调，力求促成一个各方都能接受的方案。

3月15日，法国和美国一起在巴黎和会的领土问题委员会会议上要求德国必须承认奥地利的独立地位，但"四大国"中的另外两国——英国和意大利对此很不满意。英国仍然反对过早决定奥地利的未来。意大利是四大国中最弱的一个，对法国和德国都十分忌惮，不愿让其中任何一国主宰中欧事务。奥匈帝国解体后，意大利少了一个劲敌，让中欧保持碎片化对它来说是最为有利的。根据1915年4月意大利与协约国缔结的《伦敦密约》，原属同盟国阵营的意大利加入了协约国一边作战。作为对意大利临阵倒戈的奖赏，战后协约国默许它占领了原属奥匈帝国的南蒂罗尔和的里雅斯特等地。意大利深知这几块领土来路不正，害怕德奥一旦合并，德国就会向它讨要居住着大量德意志族的南蒂罗尔。然而，意大利更不想看到北方再出现一个强大的、以奥地利为核心的"多瑙河邦联"。所以意大利摇摆不定，既想留下一个独立的奥地利作为缓冲地带，又担心孱弱的奥地利会被德国合并或受法国控制。英法等国虽然瞧不起有过反水行径的意大利，但由于意大利是奥地利的重要邻国，对它的态度也不能不予以一定重视。因此，四大国在德奥合并问题上的意见迟迟无法达成一致。

为消除大国间的分歧，避免拖延和平协议的签署，又经过一个多月的反复磋商，四大国会议还是在4月22日采纳了法美两国的提议。5月2日，法国在四大国会议上再次提出应让奥地利永久独立。威尔逊首先肯定了法国的意见，之后又说任何民族都不会被永远禁止行使民族自决权，等于又间接地支持了英国。5月6日，协约国正式宣布德奥两国3月2日签订的合并协定无效。

协约国的禁令顿时在德国和奥地利掀起了轩然大波。驻柏林的哈特曼主张德国政府尽快发表声明抗议这项禁令。5月9日，外交部长布罗肯多夫－朗曹气愤地宣布德国将继续履行3月2日的合并协定。他驳斥德国要拿奥地利与协约国做交易的传闻是"一派胡言"。布罗肯多夫－朗曹还起草了一份提交协约国的文件，重申德国仍将推动德奥合并。5月29日，德国以强硬的措辞称"民族自决权不能普遍适用，严重损害了德国的利益"，并坚持在《魏玛宪法》中保留有关德奥合并的条款。奥地利方面，5月11日和12日伦纳接连在维也纳的民众集会上讲话，保证奥地利政府决不放弃德奥合并。鲍威尔则坚信，奥地利还远没到缴械投降的地步。

5月26日，鲍威尔给率领奥地利代表团出席巴黎和会的伦纳写了一封长信，详细讨论了协约国内部和中欧局势变化可能给德奥合并带来的转机。鲍威尔推测，协约国一定会意识到允许德奥合并的代价要比维持奥地利独立低得多。但是，奥地利代表团在巴黎和会上处处碰壁。代表团曾向协约国辩解说，奥地利也是一个新生国家，不应为奥匈帝国的战败负责，但协约国根本不听这套说辞，仍将奥地利和匈牙利一起作为奥匈帝国的继承国对待。伦纳等人也没有获得与协约国代表当面谈判的资格，只能以书面形式递交意见，至于能不能被采纳就听天由命了。情绪越来越悲观的伦纳觉得奥地利代表团待在巴黎已无事可做，只剩下等待审判结果了。

尽管德奥两国直到7月底仍在拼命研究德奥合并的各种替代方案，尽一切努力延续越来越渺茫的合并希望，但进入8月，奥地利恶化的经济成了压垮德奥合并的最后一根稻草。1919年上半年以来，奥地利政府支出超过收入的200%，法定货币克朗大幅度贬值,私人企业成批倒闭,失业人数高达18.6万人。对一个人口不到700万的国家而言,这是个非常惊人的数字。奥地利本以为德国会慷慨解囊,不料德国方面却说,它的经济状况同样十分困难,自顾尚且不暇,更别提帮扶奥地利了。鲍威尔强调奥地利不是一般的外国,而是即将成为一家人的"德意志兄弟",但德国仍然表示爱莫能助。失望之极的鲍威尔沮丧地说,看来两国之间还没有就合并达成"绝对的共识"。与之形成鲜明对比的是,协约国从1918年12月至1919年8月向奥地利输送了价值1亿美元的50多万吨各类物资,协助奥地利度过了战后最艰难的时期。

奥地利货币克朗,正中央印有"DEUTSCHÖETERREICH(德意志奥地利)"的字样

在残酷的现实面前,伦纳等人的头脑逐渐冷静了下来。既然未来很长一段时间里,奥地利还要依靠协约国维持生存,再一意孤行无疑就是不明智的了。加上意大利、南斯拉夫等国还占着不少奥地利领土,福拉尔贝格、蒂罗尔、萨尔茨堡等地区一直有强烈的分离倾向,奥地利想要保持国家完整也有赖于协约国出面,看样子是该和德奥合并说再见了。主意已定的伦纳坚决拒绝了鲍威尔公开3月2日德奥合并协定的建议,也停止了继续争取协约

国允许德奥合并的活动。

1919年9月10日，奥地利代表团与协约国签署《圣日耳曼条约》。该条约第八十八条规定："奥地利之独立如非经国联行政院之许可不得变更。"此前的6月28日，德国也接受了《凡尔赛和约》，其中第八十条亦规定："德国应照将来奥国与协约国及参战各国所订之条约中规定之疆界，承认并确切尊重奥国之独立；复承认奥国之独立如非经国际联盟行政院之许可，不得变易。"至此，奥地利的独立地位以国际法形式确定了下来。

平心而论，如果拿《圣日耳曼条约》与《凡尔赛和约》《特里亚农条约》相比较，就会发现协约国对奥地利并不算特别苛刻。如《凡尔赛和约》规定德国必须支付巨额战争赔款，《特里亚农条约》使匈牙利丧失了72%的领土和2/3的人口。而《圣日耳曼条约》并未明确奥地利的赔款金额，只是含糊地将该问题推迟到1922年再做决定，后来实际上不了了之。《圣日耳曼条约》规定奥地利军队不得超过3万人，看起来似乎对奥地利重整军备做了严格限制，但按照《凡尔赛和约》，即使是德国也只能保有一支10万人的陆军和少量海军，并且不许拥有空军。对于面积狭小、没有领海、人口数量仅为德国零头的奥地利来说，能有如此规模的军队已属不易。更何况战后的奥地利既无意愿、也无财力供养一支大型的常备军。直到1936年，奥军总兵力（绝大部分为陆军）才2.2万人而已。

在领土方面，《圣日耳曼条约》也给予了奥地利一定的补偿。虽然南蒂罗尔和苏台德这两个德意志族聚居的地区最终还是被分别划给了意大利和捷克斯洛伐克，致使原奥匈帝国的1050万德意志族中有将近400万散落在了奥地利境外，但邻国向奥地利提出的其他一些更具挑衅性的领土要求均被协约国拒绝，奥地利在与南斯拉夫划界时没有吃太多亏，还得到了原属匈牙利的布尔根兰，几个原打算从奥地利分离出去的州也留在了奥地利版图内，可谓得失相当。

不过，《圣日耳曼条约》毕竟是英法等国基于自身利益而制定的，从奥地利的角度看，其中充斥着太多不合理的地方。最主要的就是，它既要求奥地利承认是奥匈帝国的继承国，却又逼迫奥地利否定自己的德意志属性；它一手促成了奥地利的独立，却又因为与"民族自决"原则不相符，反而更加削弱了奥地利民众对新祖国的认同感。茨威格说："因为协约国不愿看到战败的德国因此而变得强大，所以协约国明文规定：这个德意志奥地利共和国必须继续存在。对一个自己不愿意存在的国家竟下达这样的命令：'你必须存在！'——这是历史上的咄咄怪事。"果然，当奥地利代表团在《圣日耳曼条约》上签字的消息刚传回奥地利，群情激愤的维也纳市民就包围并纵火焚烧了法国驻奥地利使馆。

遵照协约国的指示，奥地利的国名也做了更改，使用了10个月的"德意志奥地利共和国"被"奥地利共和国"所取代。协约国竭力避免重新勾起奥地利对德奥合并的幻想，捷克斯洛伐克、匈牙利、南斯拉夫等周边邻国则不想让奥地利再做恢复奥匈帝国的美梦，但将这些愿望都寄托在区区一个国名的变动上是不现实的。只要德奥合并的根源还存在，它就迟早还会有死灰复燃的一天。需要注意的是，《圣日耳曼条约》也好，《凡尔赛和约》也好，都没有明文绝对禁止德奥合并，只是给它加上了"未经国联许可不得为之"的限制。据说，这种留有余地的表述是经劳合-乔治、克里孟梭和威尔逊三人反复斟酌之后才敲定的，是英法美三国相互妥协的产物。

《圣日耳曼条约》签署后，伦纳向英美两国致以了诚挚敬意，感谢巴黎和会期间它们在德奥合并问题上对奥地利的尊重。同时伦纳也隐晦地批评了法国和意大利，他说，新生的奥地利现在知道到哪里去寻找友谊和帮助了……

第三章

动荡的二十年代
（1920—1929 年）

一、"国联殖民地"

1920年10月1日，奥地利国民议会通过了新的宪法，这就是几经修改、断断续续一直沿用至今的"1920年宪法"。这部宪法规定奥地利为联邦制国家，联邦总统为名义上的国家元首。议会实行两院制，国民议会（下院）的议员由全国直接选举产生，拥有立法、弹劾总统等重要权力，政府需要对国民议会负责；联邦议会（上院）由各州选派代表组成，对国民议会的决议只具有延期否决权。由于政府总理一般都从国民议会的多数党中提名，因此哪个党派控制了国民议会，就等于掌握了奥地利的最高权力。

第一共和国时期，奥地利的两大政党分别是成立于1889年和1891年的社会民主党和基督教社会党。前者信奉社会民主主义，受工人阶层支持，首任总理卡尔·伦纳和外交部长奥托·鲍威尔皆出自该党；后者秉持奥地利传统的天主教精神，代表教士和广大乡村农民阶层的利益，领导人是伊格纳兹·塞佩尔。奥地利刚独立时，社会民主党一度在政坛独占鳌头，1919年2月议会选举后成为多数党。除了民族统一和经济利益等理由，社会民主党认为一个更大的德意志国家有助于巩固民主制度、增强该党的势力，因此积极推动德奥合并。但巴黎和会上的失败和《圣日耳曼条约》的签订使社会民主党受到了不小的挫折，1920年10月其多数党的位置就被基督教社会党取代了，伦纳、鲍威尔等人也相继辞职。此后直至1934年5月，基督教社会党长期处于执政地位，奥地利总理也几乎全部是基督教社会党成员（唯一例外的是与基督教社会党关系密切的约翰内斯·朔贝尔），社会民主党则是最主要的反对党。其他中小政党还包括大德意志人民党、农民党、保守人民党等，它们的力量有限，经常与上述两大政党缔结联盟。

1978年奥地利发行的纪念社会民主党创始人维克多·阿德勒的邮票

德奥合并既然已不可行，眼下奥地利无论是由哪个党派执政，最迫切的任务都是应对千疮百孔的经济烂摊子。"一战"对奥地利本土的破坏并不严重，战后国内也没有爆发革命，社会秩序总体比较稳定，但奥地利经济恢复的速度却远逊于匈牙利和捷克斯洛伐克等邻国。究其根源，是奥地利旧有的国家经济结构遭到了根本性破坏。

奥匈帝国实行明确的地区专业化生产制度，波希米亚集中了大量的工业部门，匈牙利负责生产粮食，奥地利则以贸易和金融业为主。以往，奥地利和匈牙利都曾试图扭转本地过于单一的经济格局，却没有成功。奥匈帝国解体后，这种分工模式的弊端立刻给奥地利造成了致命伤害。帝国三分之二以上的工业生产能力留在了捷克斯洛伐克，奥地利不得不重新规划工业基础建设，但进度因受资金匮乏、人才不足、原材料短缺等的影响而一拖再拖。奥地利的农业规模也很有限，只能产出一些甜菜、小麦和马铃薯，70%的粮食要依赖国外进口，这是造成1918年冬季全国性食品危机的主要原因。至于奥地利擅长的对外贸易领域，情况就更糟。匈牙利、捷克斯洛伐克、罗马尼亚、南斯拉夫等邻国为了实现经济上自给自足和防范奥匈帝国复辟，纷纷设置了极高的关税。奥地利各类贸易品中，只有奢侈品和纺织品的出口情况略好一些，但于大局无补。一些痛心的奥地利人哀叹，丧失了经济腹地的奥地利是"一侧与大海无缘，另一侧被关税壁垒阻隔"。

1921年2月，刚担任英国殖民地事务部大臣的温斯顿·丘吉尔在向英国内阁呈送的一份备忘录中提出："奥地利的经济毫无起色，必须依靠大笔外国贷款才能维持运转。如果想让奥地利存在下去，就得尽快改善其政治和经济处境。"事实上，从1919年到1921年，英、法、美等国已经先后贷款给奥地利2500万英镑，但西方大国不可能像慈善家一样持续为奥地利输血。丘吉尔了解奥地利经济的症结所在，为此他提出了允许奥地利与德国合并、组织"多瑙河邦联"或同周边国家建立关税同盟之类的经济组织等几条出路。但丘吉尔清楚，他的建议无一例外会遭到法国和捷克斯洛伐克的反对，基本没有可操作性。3月，英、法、意、日四国共同为奥地利开出了一剂全面复兴经济的"药方"，内容有改革内政、明确贷款用途和设立监督机构等。起初四国自信地以为，只要应对得当，奥地利经济有望在短期内走出谷底，但由于高估了奥地利的金融信用基础，仅3个月后，这个计划就被证明不切实际。

1921年6月21日，前维也纳警察局长、无党派人士约翰内斯·朔贝尔出任奥地利总理。他一面批评奥地利议会中的许多议员"总是个人利益当先，党内小团体利益其次，党派利益第三，而把奥地利的利益置于最末"，号召各党派团结一致、共渡难关；另一面请求英美等国尽快出手相助："奥地利离开英国和美国的援助将无法生存。我们没有煤炭，也没有原料，要是两国能为我们供应这些恢复生产所必需的物资，五年后就可以救活奥地利了。"

朔贝尔还恳请英美两国提供长期贷款、协助稳定奥地利克朗的币值。他说:"我将任命一位值得英美两国信任的财政部长。此人不是银行家,而是一位知识渊博、诚实可靠的实干家和专业人士;不是忠于某个党派的政客,而是一位爱国者。他不会总待在维也纳的办公室里,而是要到伦敦和华盛顿去,向它们证明奥地利能够、也必须生存下去,而且将会骄傲地回报那些曾帮助过他的朋友。不要忘记奥地利是个新生国家,它的自然资源还没有得到充分开发,水力也要在10年后才能代替煤炭。到那时我们的工业产能就可以得到充分释放,更何况我们还有一大批出色的知识分子和熟练工人。给我们时间、给我们信任、给我们贷款,奥地利将在欧洲国家中扮演重要角色。"

但还没等朔贝尔这一大段慷慨陈词收到回复,奥地利的通货膨胀已近乎失控,克朗急剧贬值至战前的一万五千分之一。心急如焚的朔贝尔"病急乱投医",与捷克斯洛伐克政府缔结了《拉纳条约》,以正式承认苏台德地区是捷克斯洛伐克领土为代价,换得一笔急需的大额贷款。一向精细的朔贝尔这回犯了个大错误——苏台德的归属当时是一个高度敏感、不能轻易触碰的政治话题。在1918年之前的数百年里,苏台德地区一直是奥地利领土,居民也绝大部分说德语。"一战"后,协约国将苏台德地区划归捷克斯洛伐克的做法明显缺乏历史和现实依据,早已令奥地利人十分愤慨。果不其然,《拉纳条约》立即引发了奥地利国内民众的一片哗然,社会民主党、大德意志人民党等党派也趁机群起攻之,抵挡不住的朔贝尔只好在次年5月黯然辞职,重新回去当警察局长了。

继任总理的塞佩尔吸取了朔贝尔的教训,把克服经济危机的希望再度寄托于国际联盟。1922年9月6日,塞佩尔在国联理事会上向各国求援,说奥地利的经济危机绝不是一个孤立问题,若处理不当会危及欧洲和平。他还诚恳地表示,奥地利愿意承担必要的义务。国联理事会讨论后同意了塞佩尔的请求，责成英国、法国、意大利、捷克斯洛伐克四国与奥地利组成特别小组委员会，研究改善奥地利财政的方法。10月4日，塞佩尔代表奥地利政府与上述四国签订《日内瓦议定书》。该议定书详细地列举了援助奥地利的各项具体措施，包括由国联理事会出面保证奥地利财政实行国际监督、奥地利恢复金本位货币、设立新的中央发行银行、实现国家预算收支平衡等。作为交换条件，塞佩尔答应将德奥合并禁令再延长20年，即奥地利在1942年以前不寻求与德国合并。四国随即向奥地利提供6.5亿金克朗的贷款。国联还任命财经专家、荷兰人齐默尔曼为特派员，赴维也纳监督奥地利的财政状况。齐默尔曼的工作卓有成效，到1926年6月30日，奥地利财政颇有改观，新发行的货币先令以1∶10000的比率取代了原来的克朗，金融信誉也基本得到重建。国联的援奥计划顺利结束。

塞佩尔签订《日内瓦议定书》本来是一桩利国利民的好事，但奥地利舆论和许多民众却偏执地认为，将本国经济置于国联管辖下的做法损害了国家主权，使奥地利成了"国联殖民地"。再加上国联未能按计划在1924年底之前完成奥地利的经济整顿，只能将监督期限又延长了两年，塞佩尔为此饱受质疑，最终和两年前的朔贝尔一样被迫引退。一面是崩坏的经济形势，一面却对接受外援心怀不满，说明大多数奥地利民众还没有从昔日帝国的迷梦中清醒过来。

二、寻找奥地利认同

德奥合并对德国和奥地利的重要程度是不一样的。在德国，它只是魏玛共和国时期众多政治议题中的一个，优先级还要排在莱茵兰、鲁尔、战争赔款等之后。而在奥地利，它却事关人心向背和国家认同，影响着第一共和国的方方面面。

基督教社会党虽然曾在1918年11月临时国民议会召开时投票赞成德奥合并，但认为这将是一个长期的艰巨任务。执政后面对国家的现状，基督教社会党的立场不得不做出改变。一个国际地位一落千丈、国内民生凋敝的中欧小国，对德奥合并一类的重大问题根本没有任何置喙的资格。更何况此时德奥两国都还处国联，特别是在法国的严密监控下，谋求"合并"、挑战《凡尔赛和约》确立的国际秩序，无异于政治自杀。因此塞佩尔才会最终选择了接受国联援助、维持奥地利独立的务实策略。

那么，该怎样消除奥地利民众的德意志民族主义情绪和对德奥合并的向往呢？最好的办法无疑是打造新的奥地利国家认同。早在奥匈帝国时期，一些奥地利知识分子受到普奥战争惨败和奥地利被逐出德意志等事实的触动，便开始尝试探索有别于普鲁士精神的"奥地利"民族精神。在维也纳，胡戈·冯·霍夫曼斯塔尔、赫尔曼·巴尔以及里查德·冯·克莱里克、安东·维尔德甘斯等知识界精英强调奥地利文化的独特性，说它融合了维也纳、波希米亚和阿尔卑斯山区各地的文化元素。奥地利人被誉为世界主义传统的承载者和古老的巴洛克理想的倡导者。正因为如此，他们才显得不够开明和进步，且无论如何不能接受现代普鲁士的模式（暗指德国）。霍夫曼斯塔尔等人既反感军国主义色彩鲜明的德意志帝国，也不满意奥匈帝国的国家模式。他们主要基于民族、文化和传统等方面提炼"奥地利人"的概念，称"奥地利"更多是一种精神导向和生活方式的代名词。他们嘲笑政治意义上的奥地利国家只不过是个"玩笑"，但也不愿意让奥地利成为德国的一部分。

精英们用来表现"奥地利"民族精神的符号十分庞杂，上帝、神圣罗马帝国、欧根亲王、19世纪剧作家格里尔帕策的诗篇都可以拿来充数。巴尔和克莱里克等人说，奥地利虽不及德国富有，但至少在精神层面不输给德国，如果将来奥地利与德国能够实现某种形式的联合，那么两种不同的德意志文化必然可以共存互惠。其实所谓的"奥地利"民族精神中的许多东西并不为奥地利人所独有，而是德意志民族的共同特性。

第一次世界大战败北的结局无情地碾碎了知识界精英的信念。在他们看来，已经灭亡了的奥匈帝国尽管存在这样或那样的不足，但仍有其辉煌的一面。新生的共和国不仅不能作为奥匈帝国的替代品，相反意味着奥地利传统文化的终结。而暗淡的政治和经济状况也让他们对未来感到绝望。多年以后，已迁居瑞士的霍夫曼斯塔尔依然耿耿于怀："以前我们有祖国、历史和使命，可是现在我们必须得活下去。"巴尔也说："我们对宏伟的计划不感兴趣，能幸存下来就已经谢天谢地。"极度迷惘的他们终于放弃了过去一直极力塑造的"奥地利"民族精神。霍夫曼斯塔尔等人1918年以后创作的戏剧和小说中不加掩饰地流露出对奥匈帝国的怀念和对现实的无所适从，进而形成了一种被称为"怀旧"的思潮。

基督教社会党领导人在思想意识方面与上述人颇多相近之处。大概是20世纪世界上唯一一位教士出身的总理塞佩尔是虔诚的天主教徒和君主主义者，思想上忠于奥匈帝国和哈布斯堡王朝。他从19世纪末就反对建立民族国家，对共和制更无好感。与很多从旧时代过来的知识分子一样，塞佩尔也受到了"怀旧"思潮的影响。作为政治家和基督教社会党领袖，他当然不能像霍夫曼斯塔尔那样一走了之，而是在内心强烈的"怀旧"情结的驱使下，竭力维系着这个新的奥地利国家。

塞佩尔不喜欢新教占支配地位、功利主义至上的德国，他说："对奥地利人来说，民族与国家的性质无关。'德意志'更多意味着文化共同体而非国家。我们不承认国家是民族存在的唯一形式。""奥地利可以合并于德意志民族，但不能合并于德意志国家。"

他心中的理想方案是奥地利可以与德国在经济方面交流合作，在文化领域结成联盟，至于政治合并则免谈。塞佩尔试图从精神层面提升奥地利人民的自信，但他知道这在战胜经济危机之前是很难做到的。塞佩尔常常在面对纷繁复杂的奥地利内政和外交难题时心生苦闷和无力感，嘲笑自己是"耕耘着一个小花园，想从中赚钱绝非易事"。他对奥地利的前途也相当悲观，认为奥地利的最终趋势仍然是融入更大的国家中——要么是复辟的帝国，要么是多瑙河邦联，还有可能是德国。1926年2月5日塞佩尔在柏林演讲时说："奥地利人建立的德意志国家很小，但它生存下来了，并且将生存到我们可以把它换成另一个国家的那一天为止。"

塞佩尔的境遇是20世纪二十年代整个基督教社会党两难处境的写照。他们中的多数人既无力恢复帝国往日的荣光，又不甘心看到奥地利被德国合并，最终从中欧版图消失。他们努力要唤起民众的爱国主义热情，然而如何能让民众在不违反自己德意志人身份认知的前提下，萌发出对奥地利国家的认同？基督教社会党始终没能交出满意的答卷。例如，教育本是培养奥地利年轻一代国家认同观的重要阵地，但基督教社会党把持的教育部门却经常出台一些不得其法的政策。按照规定，学校应平等讲授德国和奥地利的历史，但由于没有严格的执行和考核标准，导致授课时究竟是"德意志"成分占多数还是"奥地利"成分占多数，全凭教师个人的主观倾向。一些教科书的内容无法自圆其说：既宣扬德奥合并，又强调奥地利爱国主义；既试图将奥地利历史融入整个德意志历史，又喋喋不休地突出奥匈帝国和历史上普奥两国的斗争。还有书本如此这般地描绘道："从前的敌人终将意识到无法永远阻止我们与德意志国（即魏玛共和国）合并。我们坚信德意志国必然会挣断现在束缚它的全部枷锁，迎接美好的未来。那时我们将和德国的德意志族结成一个统一的国家。为了实现这一目标，我们德意志奥地利人应恪尽职守，忠实履行各自的职责。相信德意志的未来，相信德意志人民的复兴吧！"德意志民族主义与奥地利爱国主义的对立，让年轻人与上一代人产生了不小的认知撕裂。

政局的变化也促使奥地利历史学家重新评价德意志历史，特别是1866年以后的德奥关系和政治人物。一些"怀旧"的学者不愿正视现实，仍旧埋首于奥匈帝国史的研究，并认定只有将来出现一个能够代替奥匈帝国的国家（比如多瑙河邦联）时，他们的研究才会体现出价值。还有人批评俾斯麦的"小德意志"政策，说1866年普奥战争只是让普鲁士扩大了版图，而非真正意义上的德意志民族统一战争。尽管这些老派学者从感情上反对德奥合并，却不可能阐述奥地利爱国主义的真正内涵。

也有一些人旗帜鲜明地抨击"怀旧"情结，对奥地利的未来保持乐观。一位名叫雨果·汉奇的神父就称奥地利国家是真实存在的，它的国民是奥地利人而非德意志人。他支持国联将奥地利国名中的"德意志"字样去掉。与汉奇持近似观点的人为数不少，他们把抵制德奥合并看成当年奥地利与普鲁士斗争的延续。更有一些激进的知识分子、教士和年轻人成立了一个名为"奥地利行动"的组织，主张奥地利要抛弃对德意志文化的效忠，说那不过是一种假象而已。"奥地利行动"组织的领寻者之一阿尔弗雷德·米桑的说法最具代表性："讨论奥地利回归'德意志母亲'的怀抱是不恰当的，此类观点曾充斥着德意志历史文献，但我们奥地利人却不能这么想。因为它无视今天的奥地利人在文化和人种上的差异。奥地利人从种族上说是德意志人和斯拉夫人的混血，从文化上说是罗马和拜占庭的融合。奥地利不是从德国独立出来的，奥地利从来不属于德国，也谈不上'回归'德国。"这种激进的论调很难被当时大多数奥地利人所接受。还有一些人说，奥地利爱国主义的实质是世界主义，是一种能够与多民族共处的精神和力量。这容易让人想到哈布斯堡王朝曾经自诩的那个虚无缥缈的世界使命说。但世界使命从来是和强大帝国联系在一起的，弱小的奥地利如何担当得起？况且无论奥地利学术界还是普罗大众，都认为世界主义与爱国主义是背道而驰的。

形形色色的"奥地利爱国主义"差不多都是由一些缺乏从政经验的学者、文人或教士提出的。它们太过脱离实际，自然也就没有哪一种能得到奥地利民众的广泛认可。基督教社会党对此似乎也一时黔驴技穷。1927年法国总理普恩加莱曾请奥地利驻法国大使转达他对奥地利人民的鼓励："我知道奥地利人民目前还缺乏对国家和国民身份的认同，这并不令人惊讶。奥地利人民遭遇过太多不幸，大战结束后他们还来不及适应新的身份。只要假以时日，他们一定会习惯做奥地利人。"1928年意大利独裁者墨索里尼也说，他相信奥地利人将不会愿意与文化和政治信仰完全不同的普鲁士人生活在一个国家里。可随着时间的流逝，情况却朝着相反的方向发展了。

三、合并运动复苏

1919年以后，德奥合并运动暂时偃旗息鼓。德奥两国政府除了私下有一些接触，再不敢公开谈论此事。到了1924年8月，由于"道威斯计划"的实施，德国获得了以美国为主的大量外国资本的输入，资金奇缺的问题得以解决。随着经济迅速发展，德国逐渐走出了无力偿还战争赔款的困境。1925年10月，在讨论欧洲安全保障问题的洛迦诺会议上，德国战后第一次与英法等国平起平坐。次年9月，德国又加入国联并出任行政院常任理事国，彻底摆脱了战败国的身份，重归大国行列。与此同时，法国却因为在出兵鲁尔等事件上失误连连，对中欧的控制力呈下降之态。外部环境刚有松动，德国国内就又对德奥合并鼓噪起来。

从 1924 年起，更改国旗成了德国不少政客、学者和团体组织热烈讨论的话题。魏玛共和国成立后，国号沿用了德意志帝国的正式名称"德意志国"（Deutsches Reich），但国旗没有继续使用帝国的黑白红三色旗，而是选择了 1848 年法兰克福议会制定的黑红金三色旗。据时任奥地利驻德国大使鲁多·哈特曼称，这是他向魏玛政府建言的结果。自 1848 年革命以来，黑红金三色旗一直是德意志自由主义和全民族统一的象征，哈特曼说他希望魏玛共和国的国旗能够唤起奥地利人的共鸣和对"大德意志"的记忆。至于黑白红三色旗，除了让奥地利人联想到那个给他们带来太多不愉快的霍亨索伦王朝之外，对德奥合并起不到半点促进作用。德国总理威廉·马克思 1925 年参加总统竞选时也说："无论是我们还是奥地利人，都不应该在全世界面前表露出对黑白红三色旗的不敬。正是在这面旗帜的鼓舞下，德国人民按照'小德意志'方案赢得了国家统一，它承载着我们许多美好的回忆。……但现在的德国国旗有更深层的含义。黑红金三色旗不仅仅是魏玛共和国的国旗，向这三种颜色致敬也不仅仅是我们的法定义务，它是一个统一、自由、和平、文化先进的大德意志国家的象征。"虽然对黑红金三色旗已有许多溢美之词，但许多人仍感意犹未尽，觉得最好再为它添加一些德奥合并的印记，以彰显奥地利将以自由和民主的方式与德国实现统一。

围绕德国国旗的讨论，反映了德国社会民主党、中央党等几个大党在德奥合并问题上的企图。它们都想以"民族自决"和"民族统一"为号召，将德奥合并搞成一场声势浩大的民主运动，认为这样不仅可以减小来自国际上的阻力，还能为自己从统一后的奥地利拉到更多选票。据估算，一旦奥地利与德国合并，那么原属于奥地利社会民主党和基督教社会党的 280 多万张选票将会分别投给德国社会民主党和中央党，两党大约各得一半，也就是

130万~150万张,可谓皆大欢喜。有人甚至推测,假使德奥两国在1925年以前就已经合并,那么出身中央党的威廉·马克思就不会在总统竞选中输给满脑子复辟念头的旧势力代表兴登堡。德国保守派如右翼的德意志民族主义党一边攻击社会民主党等左翼政党只想从德奥合并中捞取政治好处;另一边唯恐两国合并后自己在选举中落了下风,也忙不迭地声明支持德奥合并。一时间,诸如"没有德奥合并就没有德国民主""包括奥地利的德意志共和国才是大德意志国家"之类的说法不绝于耳。

德国国内的动向引起了法国、意大利和捷克斯洛伐克这三个反对德奥合并最坚决的国家的不安。本来,英、法、德、意等七国在1925年签署的《洛迦诺公约》已规定德法边界不变,即使德奥两国真的合并,也不影响这一规定。但法国决不允许德国有丝毫壮大的机会。意大利和捷克斯洛伐克则担心德奥合并后,德国会向它们重新提出南蒂罗尔和苏台德地区的归属问题,捷克斯洛伐克尤其害怕失去苏台德地区后国土会被德国包围。为了打消这些国家的疑虑,德国外交部长古斯塔夫·斯特莱泽曼一再解释,德国无意建立德奥同盟或寻求德奥合并,也不认为德奥合并与安全公约有什么必然联系。但内心热衷德奥合并的他却又自相矛盾地说:"德国政府不会同意强化《凡尔赛和约》规定的义务,也不会放弃德奥合并的想法。"斯特莱泽曼还在致一位前霍亨索伦王室成员的信中透露,德国近期的外交政策面临三大任务:在德国能够承受的范围内解决一战赔款问题、"保护"德国境外1000万~1200万德意志人和重新调整德国的东部边界。而在这些任务的背后,就是"与德意志的奥地利统一问题"。

德国国内一些支持德奥合并的民间组织也日趋活跃,如著名的"德奥人民联盟"。该组织诞生于第一次世界大战结束后,最初只是为了保障侨居德国的奥地利人的合法权益,其早期成员大部分是奥地利人。从1925年起，它的关注点逐渐转到了鼓吹德奥合并上。斯特莱泽曼等人乐见"德奥人民联盟"的壮大，认为在政府不便直接出面的情况下，由这类组织代为摇旗呐喊、让德奥合并的话题保持一定热度，对自己是有利的。

"德奥人民联盟"的第一任主席是鲁多·哈特曼。在他及其继任者的领导下，"德奥人民联盟"尽一切可能网罗德国社会各阶层精英人士，请他们为德奥合并提供历史、文化和法理上的依据，并为之奔走呼号。到1929年，"德奥人民联盟"虽只有两万多成员，却包括了许多大学教授、记者、律师、作家和公务员，以及不少社会民主党、中央党、德意志民族主义党的议员，影响力相当大。由于德国这时的军事力量还十分弱小，因此此类组织往往大谈"和平"与"自由"，避免涉及武力。"德奥人民联盟"宣称自己是"一支没有武器的军队，要为欧洲的和平而战"。第二任主席保尔·洛比说，没有哪个德国人想为了领土问题在欧洲掀起一场新的对抗，"民族自决"权利只能依靠法律手段获得。德奥合并也应该遵循这一原则，以和平、民主、自由的方式实现，"我们将与同样追求两国统一的奥地利一起，在自愿的前提下达到目的。"

"德奥人民联盟"也为旅居德国的奥地利人向德国政府提出了一些权利要求，如授予他们与德国公民相同的待遇、颁发有别于其他外国人的护照、允许他们参加德国国会选举投票等。但明眼人知道，这都是为了配合德奥合并宣传而做出的动作。"德奥人民联盟"执行秘书米施勒说："一旦德奥合并实现，这些奥地利人就会自动获得完全的德国公民权，以及生活所必需的法律保障和社会福利。"对于其他一些德国境内的奥地利人团体，"德奥人民联盟"也竭力将它们争取到自己麾下。一份由"德奥人民联盟"发行的刊物大声疾呼："为什么在德国的奥地利人如此涣散？如果他们是为了同一个目的，为什么不能团结在同一面旗帜下？""团结起来！只有团结才能取胜！"不过，这种宣传并不是对所有在德国的奥地利人都奏效，因为他们当中有很多是醉心于哈布斯堡王朝复辟的君主主义者，不愿见到德奥合并。

另一头的奥地利也没有闲着。基督教社会党领导下的奥地利政府虽然对德奥合并持反对态度，但在行动上却听之任之。1921年5月，蒂罗尔和萨尔茨堡两地举行全民投票，一致赞成与德国合并。1925年，在德国掀起的合并浪潮带动下，"德奥人民联盟"的奥地利分会也成立了。它的口号是："与德国一起为德奥合并而奋斗，团结一切职业和一切阶层，相信我们与德国同胞有共同的命运。一个民族，一个国家！"奥地利"德奥人民联盟"宣称自己超越了政党政治，除了德奥合并之外不关心任何政治问题。与德国同行不一样，奥地利"德奥人民联盟"醉心于组织的扩张，往往不加选择地将一些社会团体一股脑地拉进来，因此它的成员数量急剧增加，从工人、手工业者到普通教师，遍布奥地利各地。到1927年，奥地利议会中已有14名社会民主党议员和4名基督教社会党议员加入了"德奥人民联盟"，其中竟然还包括两名前总理。奥地利"德奥人民联盟"经常组织支持者上街集会游行，仅1925年8月，此类活动就达数十次之多。其成员与反对德奥合并的人士之间的冲突也不时见诸报端。

塞佩尔对奥地利"德奥人民联盟"的活动非常厌恶——但并非因为它宣扬德奥合并思想，而是因为它的群众基础与基督教社会党的政敌社会民主党太过接近。1926年塞佩尔在给友人的信中写道："我本人不喜欢'德奥工作协会'，也不会加入这个组织，不过我不能要求所有党内同事都像我一样。但我将坚定地反对'德奥人民联盟'。"塞佩尔信中提到的"德奥工作协会"，是德国另一个成立于1925年的类似组织，在奥地利也设有分会。该组织的架构更小，到1928年才只有三四百人，但它重视成员的精英化，同样吸引了多名议员参加。"德奥工作协会"的主要任务不在于发动民众，而是预先研判德奥合并过程中可能遇到的各种情况并提出对策，与"德奥人民联盟"正好形成一种互补关系。塞佩尔觉得，"德奥工作协会"与"德奥人民联盟"相比更具有奥地利本土特征，也更符合基督教社会党的理念，所以他对"德奥工作协会"保持宽容，等于默许了"德奥工作协会"在奥地利的运作。

执政的基督教社会党如此，在野的社会民主党又如何呢？1927年7月，奥托·鲍威尔撰文称，奥地利社会民主党历来赞成德奥合并，不过要等德国成立真正的资产阶级政府而不是兴登堡执政以后，德奥两国才能顺利合并。自1920年辞去外交部长一职以来，鲍威尔与伦纳的分歧越来越大。属于激进派的鲍威尔不同意伦纳与基督教社会党实行"大联合"的主张，还批评伦纳只是在口头上支持德奥合并，却从来不采取什么像样的实际行动。鲍威尔的言论遭到了伦纳为首的社会民主党温和派、基督教社会党甚至德国方面的一片讨伐声。不知道是不是巧合，就在鲍威尔文章发表后没过几天，社会民主党与基督教社会党长久积累的矛盾终于爆发，酿成一场几百人死伤的街头流血悲剧。两党之间的裂痕再也无法弥合。

1928年夏天，一大批维也纳人和侨居维也纳的德国人以纪念奥地利著名音乐家舒伯特逝世100周年为名举行了声势浩大的集会，并趁机公开疾呼德奥合并，令欧洲为之震动。德奥合并运动复苏了。诚然，在当时的德国和奥地利，不赞成两国合并的也大有人在。一些德国人担心奥地利人无法融入文化习俗有别的德国，也怀疑德国经济能否承受得住奥地利这个沉重负担。奥地利人则忧虑并入德国后是否可以继续保持奥地利自身的特色和相对独立性。而且这一时期的德奥合并运动虽然看上去轰轰烈烈，但毕竟还只局限于民间，缺少了关键的政府引领和推动。既然政治上合并的阻力依旧很大，那么先从经济领域寻找突破口很快就成了德奥两国政府的共识。

第四章
德奥关税同盟
（1930—1931 年）

一、秘密协商

关税同盟曾在德意志统一进程中发挥过重要作用。1818年普鲁士率先取消国内关税，1826年又牵头成立"北德意志关税同盟"，此后几年陆续兼并了南德关税同盟、中德商业同盟等德意志境内的其他大小关税同盟。奥地利也想过组织一个自己的关税同盟，与普鲁士一争高下，终因经济落后没能如愿。1834年1月1日，由普鲁士主导的德意志关税和商业同盟正式生效，它将除奥地利之外的德意志地区和人民整合为一个密不可分的经济体，为1871年德意志帝国的诞生奠定了基础。

差不多一个世纪过去了，眼看德奥合并一时难以取得进展，德国政治家又想起了先辈以经济合作推动政治统一的往事。加上深受关税壁垒之苦又没有海外殖民地的德国和奥地利都急需保护国内市场，一个新的德奥关税同盟无论从政治还是经济上都显得很有必要。不同的是，当年普鲁士的关税同盟是要把奥地利排斥出去，现在德国的关税同盟却是要把奥地利吸纳进来。

1927年11月，德国外交部长斯特莱泽曼出访奥地利。在维也纳，斯特莱泽曼把有关德奥关税同盟的构想向第二次出任奥地利总理的塞佩尔和盘托出。他说，奥地利应当进一步密切同德国的经济关系，而关税同盟就是将两国命运联结在一起的纽带。斯特莱泽曼说话时心情十分焦急。不久前，他已风闻法国准备将讨论了多年的"多瑙河邦联"付诸实施。斯特莱泽曼担忧，一旦奥地利、匈牙利等国被法国强行拼拢到一起，那德奥合并必将化为泡影，他要全力避免这种情况发生。然而斯特莱泽曼选错了谈话对象。塞佩尔虽然被奥地利时好时坏的经济状况搞得头痛，也确实需要德国的援助，但对这种在德奥合并问题上打擦边球的做法仍相当谨慎。5年前，正是塞佩尔力主签订了《日内瓦议定书》，如今又怎么会甘冒触怒国联和英法等国的风险呢？斯特莱泽曼的提议被塞佩尔婉言拒绝了。

回国后的斯特莱泽曼没有气馁。他深知，奥地利动荡的政局迟早会为德国创造新的机会。果然，1929年9月，亲德的朔贝尔再度当选总理。德国政府马上向他暗示：奥地利无须理会法国的"多瑙河邦联"倡议，提振本国经济的唯一出路就是德奥关税联盟。朔贝尔这时正发愁怎么向法国、意大利和小协约国[①]再要一些贷款，为奥地利经济纾困，德国抛出的橄榄枝对他来说犹如雪中送炭。1930年2月，朔贝尔出访德国时主动提出了建立德奥关税同盟的请求。由于这是奥地利首次在此事上明确表态，德国方面兴奋不已，表示一定要让朔贝尔不虚此行。斯特莱泽曼已于1929年10月去世，继任外交部长的是曾协助斯特莱泽曼筹划德奥关税同盟的副手库提乌斯。此人信心满满地说，他有把握让朔贝尔的态度更积极。

库提乌斯和朔贝尔一起反复研究了德奥关税同盟的前景和可能产生的各种政治后果，约定在时机成熟前要严守秘密。朔贝尔回国后，负责相关事宜的德奥两国工作人员花了两个月工夫，拟出一份粗略的关税同盟草案。1930年6月底，最后一支驻莱茵兰的法军撤离，德国的行动更加自由了。但这年秋天，朔贝尔被反对他的陆军部长卡尔·沃戈因以人事安排不当为由撵下了台。沃戈因亲自出任总理，实权则操纵在改任外交部长的塞佩尔手里。

---

① 小协约国：指捷克斯洛伐克、罗马尼亚和南斯拉夫三国。第一次世界大战后，它们在法国倡议下建立了军事政治同盟，目的是在中欧地区牵制德国。

不出所料，新一届奥地利政府搁置了德奥关税同盟。但由于沃戈因内阁在议会中得不到多数支持，11月奥地利又一次举行大选。12月4日，胜选的奥托·恩德尔接替了沃戈因，并任命朔贝尔为副总理兼外交部长，奥地利政局再次反转。重新回到台前的朔贝尔立即下令恢复与德国就关税同盟问题的接触。

朔贝尔等人认为，奥地利遵守《圣日耳曼条约》和《日内瓦议定书》与追求合理的经济制度和正常的贸易关系并不冲突。国联的援助治标不治本，1924—1929年奥地利经济连续六年低迷，对外贸易长期处于逆差状态，失业率居高不下。而德国经济的增长速度令奥地利普通民众羡慕有加，迫切渴望从"德意志兄弟"那里分一杯羹。建立德奥关税同盟既是奥地利天然的权利，也是保障国家独立的必要手段。一句话，奥地利比德国更需要德奥关税同盟。

再来看德国这边。一向以斯特莱泽曼接班人自居的库提乌斯行事不像斯特莱泽曼那样稳重。1931年3月3—5日，库提乌斯赴维也纳与朔贝尔秘密会晤，两人签订了一份名为《统一德国和奥地利关税、政策和贸易条件》的初步协议，规定两国关税的税率和法规统一，但保留各自的海关部门。3月16日，德国内阁开会讨论德奥关税同盟的详细方案，库提乌斯在会上极力主张加快德奥关税同盟的谈判进度。他说奥地利过去虽然在关税同盟一事上犹豫不决，但现在已决定不再理睬"多瑙河邦联"，要坚定地为实现关税同盟与德国一同努力，德国绝不能辜负奥地利的一片诚意。德国一些内阁成员对库提乌斯仍有异议，怕操之过急会引起国联和英法的介入，到头来德国难免吃亏，得不偿失。奈何这位头脑发热的外交部长听不进去。

库提乌斯着急不是没有道理的。过去一段时间，德国国内形势风云突变。1930年9月14日，纳粹党在国会选举中异军突起，得票率从 1928 年的 2.6% 猛增到 18.3%，获得 107 个席位，一跃成为国会第二大党，并且有望不久后角逐第一大党的宝座。德国布吕宁政府为此遭受了国内外的双重压力。法国把纳粹党得势看成是对《洛迦诺公约》提倡的和解精神的严重挑衅，勒令德国必须重申遵守《凡尔赛和约》，放弃任何改变现状的想法，而这正是强烈反对《凡尔赛和约》的纳粹党绝对不能容忍的。纳粹党多次攻击布吕宁政府懦弱无能，外交上向法国卑躬屈膝，出卖国家主权，受此类言论迷惑的德国民众与日俱增。库提乌斯左思右想，觉得德国如果能在德奥关税同盟上取得一些成果，就可以有力地回击纳粹党。另外，魏玛共和国成立后，历届德国政府都渴望能够摆脱《凡尔赛和约》的桎梏，库提乌斯也想拿德奥关税同盟来投石问路。如果成功，就相当于德国在修改《凡尔赛和约》的道路上迈出了第一步。

库提乌斯乐观地表示，德奥关税同盟不是政治意义上的德奥合并，也不违反《凡尔赛和约》，但从经济角度看却对未来两国真正合并有决定性影响。即使英法等国搬出《凡尔赛和约》和《圣日耳曼条约》，以及 1922 年《日内瓦议定书》中"不谋求取得旨在直接或间接危害奥地利独立的任何特别的或独占的经济上或财政上利益"的有关条文来质问德奥两国，从政前当过律师的库提乌斯也不在意，说万一真的发生这种情况，就用法律手段交涉。德国内阁最终被库提乌斯说服了，3 月 18 日他的提议获全体通过。

为了避免既成事实刺激到有关国家，德奥两国一直对关税同盟谈判秘而不宣。德国政府直到 1931 年 3 月 12 日才将德奥关税同盟方案告知各驻外使馆，3 月初库提乌斯密访维也纳更是仅德国驻英国大使一人知晓。库提乌斯和朔贝尔想在 5 月初首先向外界公开方案的一些基本原则，至于细节问题留待将来敲定后再说。

计划看似缜密,却不料奥地利一边早早就出了纰漏。3月5日库提乌斯前脚刚离开奥地利,6日匈牙利首都布达佩斯的报纸就刊出了德奥两国正在筹建关税同盟的报道。显然,消息是被一些反对德奥关税同盟的奥地利政府官员捅出去的。虽然这则报道在匈牙利没有引发什么关注,但几天后的3月13日,捷克斯洛伐克外交部长贝奈斯也从维也纳的秘密渠道掌握了这一情报,并急忙转告了当时实际主持法国内阁工作的外交部长阿里斯蒂德·白里安。后者立即在次日召见德国驻法大使冯·霍希,提出法国愿意用财政援助换取德国放弃德奥关税同盟。更夸张的是,就在3月17日,维也纳通讯社又发布了一则政府即将公布德奥关税同盟方案的新闻,而这时方案都还没有在德奥两国内阁得到通过。3月18日,捷克斯洛伐克驻奥地利大使也劝说奥地利不要批准德奥关税同盟方案,否则必将遭遇更大的国际压力。事到如今,库提乌斯和朔贝尔知道瞒是瞒不住了,只好把公布关税同盟方案的日期提前到了3月21日。

二、法国的围剿

自第一次世界大战结束以来,欧洲大陆的事务一直处在法国严密掌控下。德奥关税同盟能否成功,关键取决于法国。德奥两国不敢奢望法国向着它们,只求不横加干涉就万幸了。法国外交部长白里安在20世纪二三十年代的欧洲政坛颇有名望,经常鼓吹各国应和平相处与友好合作,还与斯特莱泽曼一起拿过1926年度的诺贝尔和平奖,著名的《非战公约》也是他和美国国务卿凯洛格在1927年首倡,并以他俩的名字命名的。库提乌斯和朔贝尔知道白里安的政治理想是建立"欧洲合众国",于是打算投其所好,把德奥关税同盟描绘成"为创建欧洲新经济秩序而开辟的区域合作"。

然而，无论库提乌斯还是朔贝尔都忘了，白里安一年前就曾表达过对各类关税同盟的不满，说所谓关税同盟无非就是"一面在同盟内部废除关税，另一面针对外部国家筑起更严苛的关税壁垒"，与"欧洲合众国"的主旨完全相左。当意识到表述有疏漏后，两人又想把德奥关税同盟说成是为促成"欧洲经济联合体"而做出的一项贡献，并欢迎欧洲其他国家在平等协商的基础上加入。但他们也估计，白里安未必肯听信这种解释。库提乌斯和朔贝尔努力要将德奥关税同盟限定在经济领域内，但无论怎样粉饰，它都会不可避免地转变为政治问题。究其根本，乃是法国对任何有可能改变《凡尔赛和约》确立的欧洲秩序的行为都保持高度警惕，绝不愿看到欧洲出现任何由法国以外的国家主导的经济或政治组织。无论谁主政法国，这一基本事实都不会改变。

法国对德国和奥地利的一举一动了如指掌，抢在3月21日之前就将两国正在谈判建立关税同盟一事通告了各国政府。法国的计划是：由自己牵头，再联合英国、意大利和捷克斯洛伐克，也就是1922年同奥地利签署《日内瓦议定书》的四个国家一起在国联大会予以制止。但令法国没想到的是，英意两国的态度竟都与法国预料的不一样。

英国工党政府虽然在得知消息后第一时间就严厉抨击了德奥两国，但却不是冲着关税同盟本身，而是历来标榜反对秘密外交的工党认为，德奥两国事先不把关税同盟方案告知英国，直到偷偷摸摸谈判了一年多之后才被揭露出来，这是对工党外交政策的侮辱。但工党政府也注意到了近期德国政府遇到的麻烦。英国驻德国大使朗姆博德一再警告，德国正面临着"一战"后最困难的政治形势，布吕宁政府急需一场"外交上的胜利"来巩固自己。为此3月初英国已邀请布吕宁和库提乌斯于5月1日访英，这时当然不会听法国的。英国驻法国大使劳德·泰利尔报告说，白里安如此敌视德奥关税同盟似乎是因为"信息掌握得不够充分"。英国外交部也认为，禁止德奥关税同盟会伤害德国民众的感情，给纳粹党攻击政府提供口实。英国外交大臣亨德森宣布，在3月23日赴巴黎参加欧洲联盟筹备委员会会议前，他个人对德奥关税同盟表示欢迎。

墨索里尼获悉德奥关税同盟后也满腹牢骚。他抱怨法国给德国施加的压力太大，害得意大利从德国那里什么消息都得不到。由于意德关系自1925年洛迦诺会议后正稳步好转，墨索里尼认定在中欧法国是比德国更需要防范的敌人。于是墨索里尼趁机大唱法国的反调，说他将德奥关税同盟视为欧洲经济的"良好信号"。墨索里尼还指示外交大臣格兰迪向德国转达意大利的支持，同时知会朔贝尔，在德奥关税同盟问题上，意大利"乐观其成"。

英国和意大利拒不配合，法国单枪匹马不足以成事，但白里安绝不会轻言放弃。在他看来，德国战后第一次尝试采取独立自主的外交政策，是法国霸权即将旁落的危险预兆。就在几星期前，白里安还向法国公众信誓旦旦地保证，目前德奥合并的可能性极小，"就算奥地利问题没有彻底解决，它也不像两年前那样严重"。不料随即德奥关税同盟事发，白里安顿时遭到了政敌的猛烈批评。法国《辩论日报》挖苦白里安："任何人都可能会受到蒙蔽，但有时候却万万不能上当，特别是此人还掌管着国家的外交政策。"一些人说，德奥关税同盟就是白里安"泛欧洲主义"空想结出的恶果。如此种种，使白里安必欲挫败德奥关税同盟而后快。

怎样才能把英意两国拉到法国一边来呢？正当白里安挠头之际，在伦敦举行的法意"维持海军现状"谈判给了他一个契机。法意海军谈判是1930年伦敦海军军备会议的后续，英国充当了谈判的中间人。一年来，亨德森在巴黎和罗马两地往来奔波，不遗余力地要撮合法意两国在地中海的海军力量配比上达成共识。白里安决心利用这场谈判，迫使英国和意大利追随法国。3月19日，法国突然借口对正在起草的法意海军协定中一些"基本共识"的理解有分歧，单方中止了谈判。

法国在海军谈判中撂挑子，难倒了意大利外长格兰迪。历尽千辛万苦的谈判不能取得最终成果，他无法向国内交代。墨索里尼明知法国故意搞鬼，但究竟是违背法国的意愿依然支持德国，还是和法国保持一致，确保法意海军协定顺利签署？墨索里尼一时也举棋不定。他授意格兰迪先去一趟德国，探探德国方面的口风。来到柏林的格兰迪告诉库提乌斯，意大利认为德国在法意海军谈判即将顺利结束的节骨眼上搞德奥关税同盟，是存心与法国和意大利对着干。然后他又暗示库提乌斯，只要德国在某些方面向意大利做出让步，比如承认奥地利是德意之间的缓冲国、保证意大利经济利益不会因为德奥关税同盟受损等，意大利就可以继续支持德国。库提乌斯对意大利这套惯用的投机把戏嗤之以鼻，拒不做出任何妥协。怏怏回国的格兰迪向墨索里尼报告说，他认为德奥关税同盟就是德奥合并的开始，建议意大利站到法国这边，墨索里尼毫不犹豫地同意了。

另外一边，英国外交大臣亨德森也正为法意海军谈判陷入僵局而烦恼。和白里安一样，亨德森也是带有几分理想主义色彩的政治家，近几年他一直卖力地号召欧洲各国实行全面裁军。法意海军谈判是欧洲裁军计划的一部分，如果谈判失败，对亨德森推行的裁军政策将是沉重打击。另外，德国对裁军计划阳奉阴违也让亨德森感到不满。3月23日，欧洲联盟筹备委员会会议在巴黎召开。会议期间，白里安故意把裁军和德奥关税同盟两个问题一并向亨德森提了出来。亨德森感到白里安的反应有些过度，也不认可白里安"德奥关税同盟就等同于德奥合并"的看法，但是此刻，一份法意海军协定对他的诱惑更大。这不仅代表着亨德森外交政策的一大胜利，更有可能确保他在 5 月召开的日内瓦国际裁军会议上当选主席。因此，亨德森决定助白里安一臂之力，阻击德奥关税同盟。他向英国驻德奥两国大使分别发出指令，称"德国和奥地利最近的做法与我国一贯追求的和平相违背，两国政府应向各个国家，尤其是法国致歉"。

就这样，白里安只在法意海军谈判上稍做文章，就把英意两国都拉了过来。再加上法国的忠实小伙伴捷克斯洛伐克，一个以"维持奥地利的独立地位不受德国侵犯"为共识的四国联盟形成了。法国从此掌握了在德奥关税同盟问题上的主动权。

三、奥地利退缩了

1931 年 3 月 25 日，亨德森将德奥关税同盟问题提交国联讨论，并要求德奥两国在国联没有给出明确意见之前不得继续谈判。亨德森的设想是：先暂时冻结谈判，再迫使德奥两国彻底放弃关税同盟。德国拒绝接受国联的政治审查，坚称德奥关税同盟是纯粹的经济事务，而解决经济争端不应受政治因素干扰，最好诉诸法律仲裁。第二天，亨德森折中了一下，说德国方面似乎"错会"了他的意思，国联大会对德奥关税同盟方案的审查只限于法律层面，审查报告将以国际常设法院咨询意见的形式给出。这次德国有点令人出乎意料地答应了。4 月 10 日，亨德森提请国联大会秘书长将德奥关税同盟问题列入了 5 月 18 日的国联大会议程。为了向法国表明英国的态度不会受到德国的干扰，亨德森还听从白里安的建议，把原定 5 月 1 日布吕宁和库提乌斯的访英计划推迟到了 6 月 5 日。

但在是否允许德奥两国继续谈判一事上，德国却寸步不让。

总理布吕宁说，谈判无论如何应正常进行。如果德国动辄得咎，事事都要国联的许可而后行，那他的政府一定会被反对党派扣上"屈从外国势力"的帽子，离倒台也就不远了。布吕宁同时向奥地利政府提出就关税同盟的细节展开进一步讨论，不料竟被朔贝尔以"目前不想招致更多批评"拒绝了。

奥地利的回旋余地比德国小得多，朔贝尔的日子十分难熬。早在1930年9月，白里安就怀疑朔贝尔与德国走得太近，对朔贝尔故意把"多瑙河邦联"和德奥关税同盟混为一谈更为恼火。不过白里安心里很清楚，尽管关税同盟是德奥两国共同发起的，但摧毁这个方案的重点在于打击德国。所以法国除了在3月21日同捷克斯洛伐克一起向奥地利发出一次警告外，暂时放过了朔贝尔。首鼠两端的朔贝尔既不想舍弃德奥关税同盟，又惦记着法国先前许诺的一笔贷款。他认为，耐心等待国联的审查结果可以给德奥关税同盟留条活路，也不至于违拗英法的意愿，对奥地利最为有利。朔贝尔还极力淡化奥地利在德奥关税同盟谈判中的作用，力图给外界营造一种"德国是德奥关税同盟的积极倡导者，弱小的奥地利是因为无力抗拒才被拉下水"的假象。他还向英法保证，奥地利绝不会在5月18日国联大会之前重启与德国的谈判，并且"不理解"德国起初为什么会反对在国联大会上讨论德奥关税同盟问题。

德奥两国间虽出现了一些不协调，但亨德森和白里安都知道，一味硬来并不能奏效。德奥关税同盟的政治动机固然可以依据国际条约加以打压，然而德奥两国及其周边国家开展区域经济合作的客观需求却无法消除。法国注意到，小协约国里只有捷克斯洛伐克态度坚定，捷外长贝奈斯说过"德奥合并即战争"，而另两个国家南斯拉夫和罗马尼亚都对德奥关税同盟流露出了很大兴趣。这两个总发愁不能为过剩农产品找到销路的农业国，经济上正好可以和发达工业国——德国互补。南斯拉夫虽然在金融和武器装备上有求于法国,但也不愿得罪德国。至于罗马尼亚走得就更远,已经盘算起将来加入德奥关税同盟后怎样以优惠价格用本国农产品换取德国的工业品了。白里安不得不为此向罗马尼亚政府打招呼,请它在这一问题上保持慎重。同时,法国还分别拨给捷、南、罗三国一笔不小的贷款,让它们在国联大会上同法国保持步调一致。

为了赶快给德奥关税同盟找个合适的替代品,法国内阁多次开会研究,总算在4月27日拿出了一个中欧经济合作方案,主要内容包括:购买罗马尼亚等几个农业国的剩余农产品,并为它们制订粮食出口计划;建立工业领域的企业联盟,合理分配市场和限制竞争;以国联的名义向中东欧国家提供短期贷款;要求几个主要贸易国对奥地利一些特定的出口商品给予关税上的优惠等。法国财政部长弗朗丹说,法国只有两个选择,要么是在国际条约的框架内组织相关国家从事经济活动,要么就得面对中欧现状改变带来的危险。但英国把法国的方案批得一无是处,说它过分讨好奥地利,却没给德国什么甜头,如果德国不能从中受益,那就不可能指望它放弃德奥关税同盟。英国还从自己的海外利益出发,讥讽这个方案只会让那些粮食出口国更加困难。至于工业企业联盟更不可能在短时间内缓解经济危机,唯有普遍降低关税才是经济合作的最好办法。

几天后,亨德森也应景般地提了几条替代措施,并说他希望能让包括德国和奥地利在内的所有国家都满意。但亨德森心里明白,法国一条也不会同意。德国方面对亨德森的装腔作势十分气恼,回复说德奥关税同盟当下没有、今后也不可能有任何替代方案,德国对德奥关税同盟的最终态度将完全取决于国联的法律审查结果,无论这个结果是否有利于德国。德国同样也反对法国的方案。它强调,法国没有遇到德国及其邻国那样的经济困难,法国90%的工业品都可以在国内市场消化，粮食也能自给自足，它既没多大能力出口工业品，也没多少动力进口农产品，况且法国还是个信奉贸易保护主义的国家。无论德国还是奥地利，都不会为一个不切实际的方案而放弃原本的主张。只有奥地利对法国的方案有意，它试探着问德国，能不能先了解一下法国的真实意图再做计议，德国愤怒地回复说绝对不行，奥地利只得悻悻作罢。

1931年5月18日，国联大会如期召开，各国外长悉数到会。当大会开始讨论德奥关税同盟的法律问题时，库提乌斯和朔贝尔都同意将此事提交驻海牙的国际常设法院，由法院就德奥关税同盟是否违反《圣日耳曼条约》第八十八条和1922年《日内瓦议定书》给出征询意见。库提乌斯确信德奥两国有充分的把握获胜，亨德森也表示英国在海牙法院未就德奥关税同盟做出判决之前将保持中立。但白里安断定德奥关税同盟侵犯了奥地利的独立，要求国际常设法院先给出法律层面的结论，再由国联大会对德奥关税同盟做政治审查。库提乌斯和朔贝尔都激烈反对白里安的提议。朔贝尔愤愤地说，法国以"保护"奥地利独立为名，实质上却剥夺了奥地利的全部外交空间和自由。

德国的强硬态度让法国颇感棘手。恰在此时，奥地利爆发了金融危机，各地出现挤兑风潮。德国方面4月份就警告过朔贝尔，奥地利脆弱的金融系统有可能惹出大麻烦。朔贝尔虽心知肚明，却找不出什么对策。5月11日，奥地利最大的银行——信贷局宣告破产，奥地利财政秩序和工业生产濒临崩溃。也有传闻说，这场金融危机是法国为了整治德奥两国而策划的。由于这时信贷局早已债台高筑，奥地利政府只得紧急认购了1亿先令的股票来挽救信贷局。但政府无法说动金融市场吸纳这批股票，唯有寄希望于再发行1.5亿先令债券，而这又需要1922年日内瓦贷款担保国组成的委员会许可才行。5月15日，委员会中的法国和捷克斯洛伐克代表一起向奥地利施压，要求将金融援助与德奥关税同盟问题挂钩，而且援助要等5月20日国联大会结束后才能到位。法国的用意很明显，就是要视奥地利在国联大会上的表现再做决定。英国代表则高调反对，坚持应在5月18日，也就是国联大会召开当天就允许奥地利发行债券。

比发行债券更困难的是如何分派债券。法国非常清楚，少了它的合作，英、美、德等国都不具备单独消化这些债券的能力。法国银行界一直回避奥地利的求援，说除非征得法国政府的允许，否则它们不能持有奥地利债券。法国驻奥地利大使克洛代尔明确地告知奥地利政府，废除德奥关税同盟是拿到法国贷款的先决条件。法国媒体也一再提醒奥地利必须在德法之间做出选择。法国乘人之危的做法激起了其他国家的极大不满。英国金融界反应尤其激烈，英格兰银行行长蒙塔古·诺曼说他不能容忍法国在中欧推行金融霸权，愿意给奥地利力所能及的帮助。但法国不为所动，继续抬高发放贷款的价码，并强迫奥地利承担一些超出其能力范围的义务。由于条件太过苛刻，致使奥地利政府出现了无人愿意负责金融事务的尴尬场面。6月11日，山穷水尽的朔贝尔只得再次吁请法国尽快出手相救。5天后，法国的回复到达了奥地利，但当读完回复的内容后，朔贝尔等人都惊呆了。

法国在回复中开列的条件是：

第一，奥地利政府允许国联检查本国的经济和金融状况，采纳国联给出的全部建议；

第二，正式声明不参加任何有可能改变奥地利国际地位的经济或政治组织，并授权法国政府在认为必要时公布这一声明；

第三，限奥地利政府在6月16日20点之前给出令法国政府满意的答复。

这不是普通的回复，而是一份最后通牒。就连白里安都觉得这对一个主权国家来说有些过分了，但法国内阁却坚持不做改动。

奥地利政府全体成员，包括朔贝尔在内，没有一个胆敢顶着国内鼎沸的舆论出面接受法国的最后通牒，但如果拒绝，救命的法国贷款又到不了手。朔贝尔万般无奈，只得让恩德尔内阁以集体辞职的方式来搪塞法国的威逼，同时火速将通牒的副本分发给英、意、德等国驻奥地利大使。早就看不惯法国所作所为的英格兰银行马上宣布借给奥地利1.5亿先令，用于支付信贷局的外债，并约定等奥地利拿到贷款后再偿还。奥地利的燃眉之急总算被英格兰银行的仗义之举暂时缓解了。英国首相麦克唐纳和外交大臣亨德森没有出台援助奥地利的政策，但对英格兰银行的举动也未加阻拦。由于法国用力过猛，不但没能达到预期目的，还在各国面前丢了脸。

6月20日，布列什重组奥地利内阁，朔贝尔留任外交部长。经历了这场变故后，朔贝尔对德奥关税同盟的期待基本破灭了。他哀叹奥地利国力太弱，无法抗衡法国，与其苦苦强撑，还不如用手里仅剩的一点筹码，同法国换取一些实实在在的利益。朔贝尔一边以"应该继续坚持德奥关税同盟方案"同德国虚与委蛇，另一边却在奥地利内阁成员面前吐露了心声："即使海牙法院做出了有利于我们的判决，德奥关税同盟方案也已经无法实现。"

法国很清楚，英格兰银行借钱给奥地利顶多是救急，奥地利仍然得靠法国的贷款还账。法国利用金融地位上的绝对优势，不动声色地整治英格兰银行。整个7月间，英格兰银行的资金不断流向法国。英格兰银行很快就支撑不住了，只得催促奥地利尽快归还借款。7月16日，法国也退让一步，不再强迫奥地利全盘接受一个月前的最后通牒，改为允许奥地利向国联申请贷款，别无选择的朔贝尔同意了法国的要求。奥地利距离放弃德奥关税同盟只剩一个流程问题了。

四、黯然收场

就在奥地利快要屈服的时候,德国与法国的较量也即将见分晓了。1931年6月初,奥地利信贷局破产引起的金融信贷危机已经波及全欧洲,在奥地利银行有大笔投资的德国损失惨重。外国投资者也不断从德国撤走资金,德国的外汇储备急剧流失。

欧洲金融信贷危机和德国的告急惊动了远在大洋彼岸的美国。总统赫伯特·胡佛知道美国经济的振兴有赖于整个欧洲经济的恢复,且德国又是美国重要的投资国和债务国,因此在6月20日发布了《债款延付宣言》,建议各国政府间的债务和战争赔款一律延期一年支付。宣言一出,受到了欧洲国家的普遍欢迎,尤其是令德国人欣喜若狂。只有法国人非常不高兴,认为这无形中减轻了德国的负担,破坏了法国用打压奥地利的同样手段对付德国的企图,所以坚持要把宣言与德国承诺放弃德奥关税同盟联系起来。秉承孤立主义的美国无意替法国火中取栗,更懒得介入德法两国的冲突。英国试图劝说德国在金融信贷危机的紧要关头暂时先服软,可德国置之不理。不过,法国的顽固不化损害了全欧洲的利益,遭到一片骂声。经过半个多月的扯皮,法国总算在7月6日勉强同意了宣言,但为时已晚。7月13日,德国第二大银行达姆斯达特银行也破产了。眼见《债款延付宣言》救不了德国经济,法国暗暗得意,又用发放贷款引诱德国,条件还是照旧——终止德奥关税同盟谈判、裁减军备、遵守《凡尔赛和约》。

德国对法国附带有苛刻政治条件的经济援助深恶痛绝,法国则认为德国要求无条件的援助简直不可理喻。德国不是奥地利,不会轻易向法国妥协。7月19日,德国毫不意外地再次拒绝了法国。但几经折腾之后,布吕宁和库提乌斯也终于意识到,再僵持下去对德国和奥地利都没有益处，是时候给德奥关税同盟一个"体面的葬礼"了。布吕宁建议由奥地利单独出面宣布一下，走走过场就行了。库提乌斯怕这么做不利于德奥两国将来的团结合作，主张还是共同进退比较好。在此之前，库提乌斯还想再找朔贝尔最后谈一次。但当8月31日他到达维也纳后，却发现朔贝尔早就悄悄与法国方面达成了一致，还拿到了一笔2.5亿先令的贷款。感觉被愚弄了的库提乌斯憋着一肚子火返回了柏林。

1931年9月3日，德奥两国联合发表声明，以"为了赢得更广泛的欧洲合作"之类冠冕堂皇的理由为掩饰，正式宣布放弃德奥关税同盟。一场历时半年之久的外交斗争结束了。讽刺的是，直到两天后，海牙的国际常设法院才以8∶7的微弱票数优势判决德奥关税同盟并不违反1919年的《圣日耳曼条约》，但有悖于1922年的《日内瓦议定书》。这个耐人寻味的判决结果同样也引起了很大的争议。

1931年德国和奥地利围绕关税同盟展开的外交活动，是继巴黎和会后德奥合并运动的第二个高峰。此时德奥两国的国际地位尚未发生多大变化，政治上仍旧被孤立，经济上高度依赖外国资本和贷款。两国建立关税同盟的理由本来没有太多不妥之处，但却得不到任何一个欧洲国家的公开支持。法国并不在乎德奥关税同盟是不是真的违反了《凡尔赛和约》和《日内瓦议定书》，而是坚决不允许一切形式的德奥合并。法国以自己的政治影响和金融优势为后盾，迫使英意等国和它站在一起，最终挫败了德奥关税同盟。德奥与英法实力上的差距，是它们始终不能突破阻碍、将关税同盟转化为现实的根本原因。

奥地利在这场外交斗争中的表现尤为不堪。它先是因差劲的保密工作提前泄露了计划，使德奥两国一开始就陷入被动；之后又竭力避免与英法正面交锋，试图在两个阵营之间骑墙；最后，奥地利还背着德国与法国暗中交易，提前退场。这固然有身为小国、弱国的奥地利缺乏外交自主能力的缘故，但也着实令德国愤怒，影响了后来两国关系的走向。

德奥关税同盟的失败给德国和奥地利政坛都造成了不小的震动。9月6日，也就是国际常设法院判决结果出来的第二天，希特勒即要求布吕宁政府应该以集体辞职的方式向德国人民"谢罪"。10月3日，库提乌斯灰溜溜地辞去了外交部长的职务。第二年5月，布吕宁也不得不离开了总理的位子。布吕宁政府的倒台，使希特勒上台的步伐大大加快了。

在奥地利，身心备受打击的朔贝尔也于9月6日向内阁递交了辞呈。经总理布列什的一再挽留，拖到次年1月27日朔贝尔才离职，之后他就彻底退出了奥地利政坛。1932年8月19日，抱着未能亲见德奥两国合并的遗憾，57岁的朔贝尔病故。就在17天前，他一生的宿敌塞佩尔也去世了，一批年轻的奥地利政治家接替了他们的职位。一年之后，德奥关系和德奥合并问题将发生天翻地覆的变化。

第五章
反击"德奥一体化"
(1932—1934 年)

一、年轻的新总理陶尔斐斯

1932年上半年，奥地利仍然没能从德奥关税同盟失败的阴影中走出来。3月，法国提出以总理塔尔迪厄命名的"塔尔迪厄援助计划"来替代德奥关税同盟，也被惊魂未定的奥地利政府否决了。持续的经济危机引发了连锁反应。5月初，基督教社会党与大德意志人民党的联盟破裂，社会民主党趁机要求解散国民议会，总理布列什只得辞职。5月10日，时年四十岁、入阁仅一年的农业部长恩格尔贝特·陶尔斐斯被总统米克拉斯提名为总理兼外交部长。

陶尔斐斯1892年10月出生于下奥地利州阿尔卑斯山区一个普通的农民家庭。他天资聪颖、勤奋好学，从小就是虔诚的天主教徒，立志长大后当一名教士。1913年，陶尔斐斯进入维也纳神学院深造，几个月后对法律和政治萌生了更大的兴趣，于是转到维也纳大学攻读法律专业。在校期间，陶尔斐斯参加了一个名为"学生社会运动"的组织。他把大量业余时间和精力倾注到了诸如社会和慈善工作等组织活动中，为日后步入政坛锻炼了身手。多年后陶尔斐斯回忆说，他为自己从那时起就投身于奥地利的振兴事业而感到骄傲。

第一次世界大战爆发中断了陶尔斐斯的校园生活，他到奥匈帝国军队中服役，因表现优异被授予中尉军衔。1919年，解甲归田的陶尔斐斯重新回到大学。除了继续学业，他还在下奥地利农民协会谋到一个职位，以缓解生活上的拮据。1922年毕业后，陶尔斐斯被分配到农业部门工作。1925年，他创办了下奥地利农民同盟会，凭着真才实干逐渐成为奥地利农业界的知名人物。20世纪二十年代陶尔斐斯加入了基督教社会党，还曾赴德国柏林进修经济学。在柏林，陶尔斐斯结识了一位来自东普鲁士、信仰新教的女士埃尔温·吉林克，后来成为他的夫人。1930年10月，陶尔斐斯被总理沃戈因任命为奥地利联邦铁路公司总裁，这是他从政以来担任的第一个重要职位。次年3月，陶尔斐斯改任恩德尔内阁的农业部长，直至1932年5月。

对于被提名总理，陶尔斐斯本人颇为意外。他没有马上答应米克拉斯总统，而是经过一整天的深思熟虑后才下决心接受。从年龄和资历看，陶尔斐斯并非总理的最佳人选。但奥地利目前最大的敌人是经济危机，而陶尔斐斯恰好是一位在经济领域富有经验的人物。他曾经说过："我对经济问题兴趣浓厚，知道没有任何事情比处理好经济问题更重要。"长期供职于农业部门的经历，也容易使陶尔斐斯得到奥地利农民阶层的拥护。基督教社会党领袖塞佩尔十分欣赏这位后辈。就在上任的前一天，陶尔斐斯专程到维也纳附近的小镇塞默灵拜访了已是风烛残年的塞佩尔。归来后陶尔斐斯高兴地说，在聆听塞佩尔的教诲时，他感受到了莫大的鼓舞。

1932年5月20日，陶尔斐斯宣誓就职。新一届政府依然沿袭了基督教社会党保守的政治纲领，依靠的是基督教社会党与另两个右翼党派——乡村联盟和乡土集团结成的政治联盟。这个联盟在国民议会仅有一票的优势，在联邦议会更处于少数地位，执政基础很不稳固。陶尔斐斯心里清楚，他的当务之急是树立威信，而要做到这点，首先就必须尽快恢复金融秩序、挽救国民经济。

6月19日，讨论德国赔款问题的会议在瑞士洛桑召开，奥地利的经济问题也被列入了会议议程。刚上任一个月的陶尔斐斯亲赴洛桑，经过与各国参会代表的反复磋商，总算为奥地利争取到了一笔3亿先令的贷款。贷款仍然附有政治条件——奥地利必须同意在1922年《日内瓦议定书》的基础上,将德奥合并禁令再延长10年。奥地利社会民主党和大德意志人民党强烈反对《洛桑议定书》,不久前德奥关税同盟失败的记忆更加深了他们的怨恨。《洛桑议定书》仅以82∶80的微弱票数优势勉强在奥地利国民议会获得通过。此后一年中,在陶尔斐斯的一再游说下,贷款份额才确定为英法各1亿先令、意大利3000万先令、比利时500万先令、荷兰300万先令,剩余部分由国联各成员自愿承担。

英法两国虽然在《洛桑议定书》上签了字,却都不打算认真履行。英国不愿让奥地利影响它与重新崛起中的德国改善关系,借口1931年奥地利从英格兰银行借得的1亿先令短期贷款尚未还清,不肯再向奥地利提供大额贷款,只是同意将这笔短期贷款改为长期贷款,奥地利等于没有从英国拿到新的钱。法国同样对援助奥地利缺乏热情,但又不可能改变反德的立场,因此法国一边重申不允许奥地利与德国合并,另一边又在奥地利急需的经援上逡巡不前。法国内阁对《洛桑议定书》意见很不一致:总理赫里欧说法国只能在放任德奥合并和遵守国联对奥地利的扶持政策之间做出选择,但财政部长弗朗丹却批评《洛桑议定书》是法国花大价钱为奥地利人民赎买他们并不想要的自由。另有一些官员质疑法国的援助是否真的能阻止德奥合并。幸亏同奥地利社会民主党关系良好的法国社会民主党一直在议会中积极斡旋,加之担心意大利借机在奥地利扩大势力,法国议会才最终批准了《洛桑议定书》。欧洲大国里只有意大利比较主动,但它能承担的份额较低,仅占贷款总额的10%,起不到决定性作用。

洛桑会议免除了德国大部分的"一战"赔款,这时它本有能力拉奥地利一把。可是,德国还在记恨奥地利上一年在德奥关税同盟谈判中的自私表现,故意选择袖手旁观。刚刚接替布吕宁的新任德国总理冯·巴本以嘲讽的口吻说:"如果陶尔斐斯为了挽救奥地利,不惜以牺牲奥地利在德奥合并上的自主权为代价来换取这笔贷款,那就让他这么做吧。但像德奥合并这样的重大历史事件绝不会被区区一笔贷款所阻止。"

在争取外援的同时,陶尔斐斯也没有停止自救。他凭借1917年奥匈帝国颁布的《战时经济授权法》授予政府的一些特权,大力整顿银行业、削减政府开支、平衡预算。1932年10月1日,陶尔斐斯签署一项法令,将奥地利信贷局的活动置于政府监督之下。12月,奥地利陆续与匈牙利、波兰、南斯拉夫等邻国达成贸易协定,短期内就使奥地利的出口贸易额有了很大增长。陶尔斐斯还利用西方社会对奥地利的同情心理,大力宣传"阿尔卑斯山麓美丽的奥地利"形象,吸引国外游客到奥地利的山间湖畔旅游度假。在陶尔斐斯的努力下,奥地利经济终于出现了一些起色。

陶尔斐斯早年并无反对德奥合并的政治倾向,他始终为自己德意志人的身份而自豪。直到1932年10月,陶尔斐斯还直言不讳地称"奥地利人过去是、现在是、将来也仍旧是德意志人",承认德奥两国存在特殊关系,认为奥地利无论政治还是经济方面都离不开德国。但是,1932年也是纳粹党势力剧增的一年。在7月31日的德国国会选举中,纳粹党赢得了230个席位,成为国会第一大党,夺取德国政权之势已不可逆转。等待陶尔斐斯的,将是与希特勒的直接交锋。

二、初战告捷

1933年1月30日,希特勒被总统兴登堡任命为德国总理,标志着魏玛共和国的终结和第三帝国的开始。"用德国的剑为德国的犁取得土地",是希特勒制定的基本国策。早在1920年2月希特勒为纳粹党拟就的政治纲领（即"二十五点纲领"）中，就已露骨地提出要废除《凡尔赛和约》和《圣日耳曼条约》，"基于民族自决的权利，联合德意志人组成大德意志国家"。因此，以"德奥合并"之名吞并奥地利，就成了德国侵略扩张的第一环。

希特勒这个生长于奥地利的德意志人对自己的祖国充满憎恶。他在1925年出版的自传《我的奋斗》一书中，用大量篇幅吹捧德意志帝国、贬低奥匈帝国。"当我把年轻的、正在崛起的德意志帝国与衰败的奥地利相比较时，我感到骄傲和羡慕。"据希特勒说，他很小的时候就思考奥地利人与其他德意志人究竟有什么不同，为什么不是所有的德意志人都能"幸运地"生活在俾斯麦营造的帝国中。他的结论是，哈布斯堡家族给整个德意志民族带来了灾难，奥匈帝国是1871年德意志民族未能完全统一的罪魁祸首。几百万德意志人不仅被奥匈帝国隔离于"母国"德意志帝国之外，而且还不断地被斯拉夫化。多民族的奥匈帝国没有像德意志帝国那样实行中央集权制，解体是迟早的事。既然奥地利人"已经习惯生活在一个大帝国里"，那么当1918年奥匈帝国崩溃时，从废墟中新生的奥地利就理应"回到祖国大德意志的版图"。希特勒不承认德意志的统一任务已由俾斯麦完成，仍将奥地利视为"统一"的叛逆。其实，希特勒无非是重复舍纳雷尔的陈词滥调，谈不上有什么新意。

在德奥合并问题上，希特勒一再标榜他不仅是纳粹党的代表，更是全体德意志民族主义者的代表。他否定了第一次世界大战结束以来德奥合并运动中最为重要的经济因素，硬说德奥合并"绝对不是出于经济方面的考虑。即使统一对经济毫无影响，甚至从经济角度看是不利的，也必须要实现。因为血脉相同的人民就应该生活在同一个帝国"。希特勒把德奥合并抬到了"民族统一"和反抗《凡尔赛和约》的高度，在当时确实具有很强的蛊惑性。

但如果翻开《我的奋斗》，就可以清楚地看到希特勒的险恶用心："只有全体子民生活在同一个国家之后，德国人民才有权利追求他们的殖民地政策。"1937年11月，希特勒在炮制的《霍斯巴赫备忘录》中明令最迟将在1943年开始着手"解决德国的空间问题"，而"第一个目标……必须是同时推翻捷克斯洛伐克和奥地利"。因为征服这两个国家不但可以使德国获得有利的战略边界，还能为德国增加1000万以上的人口以及12个师的兵力。但讽刺的是，就在希特勒挥舞着"民族统一"的大旗威吓奥地利和捷克斯洛伐克的同时，却默认了意大利对南蒂罗尔地区的占领。

希特勒把魏玛共和国时期德奥合并运动屡屡失败归咎于德国对外政策的软弱。与之前德奥两国政府平等谈判的方式不同，希特勒制定了一种名为"德奥一体化"的策略，即德国政府不再将奥地利当"外国"看待，也不与奥地利政府发生官方交往，而是要从奥地利各党派中挑选代理人，扶持它赢得议会选举，再组成一个大政方针皆听命于德国的新政府，使奥地利在思想、文化、经济等方面与德国强制划一。如果得逞，就能够在维持奥地利表面独立的同时行德奥合并之实，使国联和英法等国的干涉失去借口。

谁是希特勒眼中合适的代理人呢？无论基督教社会党，还是社会民主党，甚至是信奉泛德意志主义的大德意志人民党，都一概为希特勒所摒弃。于是，持反犹主义和极端民族主义的奥地利纳粹党就进入了希特勒的视野。

奥地利纳粹党的名字很容易让人误以为它是德国纳粹党在奥地利的分支。实际上，二者的起源毫无干系，甚至前者的历史比后者还要长。1903年，奥匈帝国波希米亚地区出现了一个名叫德意志工人党的组织。1918年5月，德意志工人党改称德意志民族社会主义工人党。随着奥匈帝国的解体，德意志民族社会主义工人党的活动中心从波希米亚转移到了奥地利。第二年，一位名叫安东·德莱克斯勒的德国钳工在慕尼黑创建了德国工人党，1920年4月也改名为民族社会主义德意志工人党，从此德国和奥地利就有了两个名字几乎一模一样的政党，且简称都是"纳粹党"（"纳粹"即德文"民族社会主义"缩写的音译）。由于"民族"和"社会主义"同属当时最流行的政治词汇，加上第一次世界大战后德奥两国党派林立，出现如此巧合不足为奇。

两个纳粹党成立伊始都是无足轻重的小党。不同的是，德国纳粹党在希特勒的带领下，迅速发展为拥有100多万党员的大党，最终攫取了德国政治的最高权力。奥地利纳粹党则境遇惨淡，它那套乱七八糟的理论很难引起民众的兴趣，也无法撼动基督教社会党和社会民主党的势力，大部分奥地利人根本不知道国内还有这么一个党。自1919年到1927年的历次全国选举中，奥地利纳粹党的支持率始终难以突破1%，居各政党之末。在1926年8月的慕尼黑会议上，奥地利纳粹党内部围绕是否应服从德国纳粹党的指挥发生激烈争论，结果主张无条件接受希特勒领导的一派占了上风，此后奥地利纳粹党便同德国纳粹党攀上了亲。即使这样，1928年时奥地利纳粹党仍然仅有4000多名党员，除在萨尔茨堡等个别邻近德国的地区之外基本无人问津，政治影响几近于零。

20世纪三十年代初，随着德国纳粹运动的高涨和世界经济危机的加深，奥地利纳粹党总算迎来了自己的"春天"。1931年7月，德国威斯巴登地区纳粹长官特奥·哈比希特被希特勒指派为奥地利纳粹党督察，原来的奥地利纳粹党本土首领阿尔弗雷德·普罗克什等人被架空。1932年，奥地利纳粹党党员已达4万之众，并在地方选举中取得了突破，成为希特勒在奥地利推行"德奥一体化"政策最理想的急先锋。

希特勒非常蔑视陶尔斐斯，认定奥地利纳粹党与政府的斗争在1933年夏天就会见胜负。3月初,希特勒在与意大利驻德国大使的谈话中要求陶尔斐斯重开全国选举,以便让奥地利纳粹党有合法进入政府的机会。奥地利各地的纳粹分子也闻风而动,纷纷上街游行示威。德国方面的宣传机器开足马力,拼命为奥地利纳粹党造势。3月18日,德国巴伐利亚州司法部长弗兰克通过慕尼黑的广播电台警告陶尔斐斯不要迫使德国方面"采取行动保护他们的奥地利同志"。4月24日,哈比希特在《德意志帝国报》上撰文称,德国和奥地利纳粹运动的目的是"确定和不可动摇的",那就是废除《凡尔赛和约》和《圣日耳曼条约》,将全体德意志民族统一在一个"大德意志国家"之内。5月14日,弗兰克未经奥地利政府许可,擅自跑到奥地利城市格拉茨参加奥地利纳粹党集会。会上,弗兰克转达了希特勒对奥地利纳粹党近期活动的赞许,并煽动他们继续对抗奥地利政府。他还声称这次访问"不是为了奥地利政府,而是为了奥地利人民"。

陶尔斐斯一边以警惕的目光注视着奥地利纳粹党的动向,一边抓紧巩固权力。虽然社会民主党等党派在希特勒上台后逐渐放弃了与德国合并的想法,奥地利大多数政治人物也都清楚,一旦德奥合并,就意味着他们的政治前途戛然而止,但是,各党派之间的对立仍旧十分尖锐。以基督教社会党为首的政治联盟在议会中几乎没有优势,致使陶尔斐斯的决策经常受反对派制约。人们有理由怀疑,一个内耗严重、执行力低下的政府,是否有足够的力量应对奥地利纳粹党的寻衅。

那么,是继续实行议会民主,还是建立强权政府?陶尔斐斯毫不犹豫地选择了后者。1933年3月4日,奥地利国民议会就一张选票的有效性陷入了激烈争辩,三名议长(基督教社会党、社会民主党、大德意志人民党各一)为此辞职,导致议程既无法继续,也无法终止或重启。这本是议会活动中常见的现象,但陶尔斐斯却宣布议会无限期停止运作。之后他又援引《战时经济授权法》，声明政府不再向议会负责，并取消出版自由，禁止民众游行和集会。凑巧的是，几天前德国刚发生了希特勒亲手导演的"国会纵火案"。德奥两国的议会民主制度几乎同时走向了终结。

陶尔斐斯关闭议会并非心血来潮。奥地利的议会制形成于19世纪末，到共和国成立时仍很不完善。基督教社会党本就是一个有君主制传统的政党，一向反感议会制。塞佩尔认为，民众向领导人效忠"不是因为党派决议或选举的结果，而只是因为他是领导人"，只有这样的领导人才能承担责任，代表全体人民的意愿。他还说，议会政党制注定不会永久存在，君主制能够克服议会制的弊病，实现"真正的民主"。作为塞佩尔的忠实追随者，陶尔斐斯同样秉持"少一点民主才会产生更好的政策"的观点。他提出了一种"专制和精英化"的概念，即民主选举制度应当与专制制度相结合。政府领导人一旦当选就可以"或多或少地"自由发号施令，而不必再关心民众的想法。不过，陶尔斐斯的本意并不是变成希特勒、墨索里尼式的独裁者。他说："我要尽我的职责，那就是做我国家的领袖，为我的国家服务。但不要试图把对我名字的崇拜引入奥地利。"

陶尔斐斯不断在公开场合表达自己对德奥合并的反对态度。他在1933年3月4日高呼："我们一定要维护奥地利的独立与自由。尽管它很小，但它属于我们，这就是奥地利！"4月30日又说："奥地利的德意志人是德意志民族与其他民族联系的纽带，履行这一职责是奥地利对德意志民族的伟大贡献。我们希望以这种方式为全体德意志民族和欧洲和平而服务。这是我们作为第二个德意志国家的特殊使命，一个需要完全独立和自由才能完成的使命。"5月20日，陶尔斐斯效仿意大利法西斯党，以基督教社会党为班底成立了"祖国阵线"。陶尔斐斯宣称，"祖国阵线"是一个超党派组织,目的是团结奥地利人民,消除一切分歧,收容"政治上的无家可归者"。不过这是陶尔斐斯的一厢情愿,因为社会民主党拒不加入"祖国阵线",奥地利纳粹党当然更不买账。

面对奥地利纳粹党近来咄咄逼人的攻势,陶尔斐斯先以安抚为主。5月,陶尔斐斯派基督教社会党重要人士沃戈因、布列什和许士尼格等向哈比希特递话,表示可以在内阁中给奥地利纳粹党留出两个部长职位。但贪得无厌的哈比希特不仅要求安插更多他的亲信,还要陶尔斐斯把受意大利支持的奥地利卫乡团势力从内阁清除出去,并尽快启动全国选举。陶尔斐斯清楚,现在举行选举,奥地利就有可能重演希特勒在德国夺权的一幕。他亲自出马会见了哈比希特两次,同样没能谈拢,索性不再理睬哈比希特。

希特勒对陶尔斐斯的不妥协大为光火,决定继续给奥地利政府以颜色。5月27日,德国突然将国内前往奥地利旅游的签证费提高到1000马克(大约相当于20世纪三十年代一辆德国甲壳虫家用轿车的售价),并声称要让奥地利今年夏天见不到一个德国游客。旅游业是奥地利经济的支柱产业,德国游客又是奥地利旅游业的主要客源,此举使奥地利经济受到了不小的冲击。希特勒还下令终止德国给予奥地利特惠关税待遇的谈判。同一天,德国又任命哈比希特为德国驻奥地利使团的新闻专员。哈比希特并没有领受什么具体的外交使命,他在维也纳唯一的事情就是以外交人员身份为掩护,堂而皇之地指挥奥地利纳粹党活动。奥地利政府马上采取反制手段。几天后,奥地利警察突然搜查了哈比希特位于林茨的一所公寓。德国驻奥地利大使里特连续向奥地利政府发出强烈抗议,但没有人理他。

6月上旬,奥地利纳粹党连续在各地制造了多起暴乱事件。面对日趋猖獗的奥地利纳粹党,陶尔斐斯毫不畏惧,他说:"在这样的重要关头,不许有其他选择。不是我们的战友,就是我们的敌人。"6月12日，奥地利政府逮捕了80名参加暴乱的奥地利纳粹党党徒，并将哈比希特驱逐出境。希特勒闻讯后也立即驱逐奥地利驻德国外交人员作为报复。至此，希特勒上台还不到半年时间，就将德奥两国关系弄得濒于破裂，奥地利政府与奥地利纳粹党之间的矛盾也到了无法调和的地步。6月19日，陶尔斐斯终于决定取缔奥地利纳粹党，表示绝不允许"一个拿着炸弹和手雷的政党加入政府"。奥地利政府宣布，从即日起将以强力手段镇压暴力活动，奥地利纳粹党成员一律被视作恐怖分子治罪。可笑的是，群众基础薄弱、组织结构松散的奥地利纳粹党根本不是经陶尔斐斯强化后的奥地利政府的对手，大批成员或束手就擒、或逃往德国。奥地利纳粹党丧失了国内的合法地位和选举资格。在与希特勒"德奥一体化"策略斗争的第一个回合中，陶尔斐斯赢得了胜利。

三、向英法两国求助

奥地利政府与奥地利纳粹党及其幕后主使希特勒的冲突引起了大国的关注。1933年6月，陶尔斐斯先后出访意大利、英国和法国。他此行有两个任务：第一是敦促各国落实一年前《洛桑议定书》中承诺奥地利的贷款，第二是继续寻求各国对奥地利独立的保证。6月16日，陶尔斐斯在伦敦召开的世界经济会议上发表演讲，说奥地利对德国"只占一些道义上的优势"，博得了不少与会代表的同情。6月21日，英国议会外务次官艾登提请下议院关注奥地利近期的局势和陶尔斐斯的呼吁，并向奥地利提供适当的财政援助。英国政府建议陶尔斐斯团结奥地利社会民主党，稳固自己的执政地位。法国总理达拉第与陶尔斐斯签署了一项贸易协定，并愿意尽快提供贷款。墨索里尼也再次肯定了对陶尔斐斯政府的支持，还称意大利将派军队进驻意奥边境，帮助奥地利防范德国可能的入侵。

但到了需要拿出切实行动的时候，三国就又被打回了原形。6月29日，陶尔斐斯委派国联驻奥地利金融顾问罗斯特前往伦敦，恳求英国、法国和意大利答应在德国发动突然进攻时能够共同出兵保卫奥地利，同时请求国联商讨具体对策。英国外交大臣西蒙不愿过多介入中欧事务，还自欺欺人地以为"新闻和公共舆论的力量就足以使希特勒放弃当前的做法"，批评意大利增兵意奥边境是搞军备竞赛。法国社会民主党对陶尔斐斯接近意大利、建立"祖国阵线"和排斥奥地利社会民主党非常不满，社会民主党人、外交部长保罗－邦库尔宣布将继续推迟贷款。意大利也害怕在奥地利的优势地位受到削弱，拒绝与英法两国合作。

7月5日，逃回慕尼黑的哈比希特又在电台广播中大肆污蔑奥地利政府和陶尔斐斯，扬言"奥地利和全世界都应该知道，民族社会主义在奥地利是一支活跃的和不可动摇的力量。奥地利纳粹党的重组已经完成，我们要与陶尔斐斯政府无情地战斗下去，直至胜利为止"。德国报纸多次辱骂陶尔斐斯"以恐怖、谎言、违反宪法、背叛人民等手段，拼命维护自己的统治"，称奥地利人民"正在为争取解放而斗争"，号召"每一个德国人都有义务支持我们的奥地利同胞。每一个在奥地利有亲属、朋友或熟人的德国人都必须写信给他们，告诉他们希特勒迄今为止领导德国人民所取得的成就和德国的实际情况"。类似的宣传在随后半年中竟然重复了八十多次。7月17日、25日和27日，德国三次出动飞机，向奥地利境内大量投放反政府内容的传单和小册子。几千名逃到德国的奥地利纳粹党党徒在巴伐利亚组成了还乡团性质的"奥地利军团"，由德国发放枪支弹药并负责训练，时刻准备杀回奥地利。奥地利驻德国大使多次向德国外交部抗议，但德国外交部不仅诡称无权制止此类事情，还狡辩德国"没有将奥地利视为外国"，上述行为"就像是反对派与奥地利政府的斗争"。然而就连许多德国外交人员都觉得这种说法太过强词夺理了。

7月24日和25日，陶尔斐斯接连呼吁英法意三国公开声明支持奥地利政府，敦促德国停止干涉奥地利内政。英国常务外交副大臣范西塔特认为必须重视当前奥地利的形势，并由国联讨论"国际关系变化对和平的威胁"，但他的主张遭到了意大利的强烈反对。范西塔特只好退而求其次，提议三国联合要求德国停止对奥地利政府的颠覆活动，意大利仍不愿接受。不但如此，意大利还把英国的意图暗中透露给了德国。最后，英法两国只在8月7日向德国提出了一个不痛不痒的口头谴责。早就摸清英法底牌的德国强硬地回应说，它不欢迎任何国家调解德奥两国之间的纠纷。

陶尔斐斯本来希望英法意三国能够共同为奥地利提供急需的经济和军事援助，但在议会制传统悠久的英法两国，很多政界人物怀疑陶尔斐斯要实行独裁统治，并不信任他。一份英国外交部的备忘录断定，陶尔斐斯是以政变方式终结了议会的，《泰晤士报》批评奥地利政府"似乎不急于回归议会模式"。只有少数头脑清醒的人士预见到了希特勒的侵略野心。范西塔特就警告说，希特勒有可能不费吹灰之力就能拿下奥地利，一旦希特勒胆敢这么做，就意味着他随时可能会发动另一场大战。"欧洲未来的走向很大程度上将取决于我们对奥地利问题的态度。德国侵犯奥地利不是一个孤立事件，而是一系列挑衅的开始"。但是，范西塔特有见地的看法却被英国政府所忽视，他本人也被斥责为"惯于危言耸听的人"。法国的财政援助依然附带不少政治条件，保罗-邦库尔称贷款应到"奥地利政府的力量足以维持国家独立时"才予以发放，简直是颠倒因果。

墨索里尼的如意算盘是，既要维持奥地利的独立，使之继续充当意大利的"绿色后花园"和德意两国间的缓冲国,又不能让奥地利妨碍到德意关系。由于这两个目标是相互矛盾的,所以意大利明面上与英法保持一致,暗地里又与德国暗通款曲。墨索里尼曾向德国驻意大利大使哈塞尔建议两国就东南欧事务进行谈判。为了避免刺激德国,墨索里尼的措辞十分谨慎,连"奥地利"一词都没有提到。希特勒认为谈判会限制德国外交的自主性,拒绝了墨索里尼的建议。墨索里尼明白意大利实力有限,所以他更希望在英法和德国之间斡旋,使四国能够在包括奥地利等一系列欧洲重大问题上达成共识。但1933年7月,意大利苦心倡议的《四国公约》经过几个月的反复折腾后还是成了一纸废约,证明当时四国合作的基础根本不存在。至于国联,也不能再像20世纪二十年代那样为维护奥地利独立继续发挥应有的作用,特别是1933年10月德国退出国联后,国联丧失了对德国的制约能力。德意两国对奥地利的争夺加剧了。

四、被迫倒向意大利

1932年7月,墨索里尼以"办事不力"为由解除了外交大臣格兰迪的职务,打发他去伦敦当了大使。格兰迪一贯主张意大利应与英法友好,他的去职意味着墨索里尼已不满足于在国联框架的限制下行事,而要在奥地利和东南欧方向追求更大的自由。外交大臣一职由墨索里尼兼任,具体工作则由外交副大臣苏维奇负责。苏维奇生于原属奥匈帝国的的里雅斯特地区,在1918年之前算是个"奥地利人",对奥地利怀有天然的亲切感。他力劝墨索里尼加强与意大利、奥地利以及匈牙利三国的政治和经济联系,尤其不要让奥地利并入德国,墨索里尼深以为然。

1933年春,希特勒派帝国元帅戈林到罗马,想游说墨索里尼同意德国合并奥地利，结果被墨索里尼一口回绝。此事给陶尔斐斯留下了深刻印象，再加上意奥两国都是天主教国家，有着相同的宗教信仰，陶尔斐斯相信，在奥地利效仿意大利实行法西斯主义，再借助良好的意奥关系，就能抵御希特勒的吞并。

另一边，墨索里尼心中也清楚，"如果德国人能在因斯布鲁克（奥地利蒂罗尔州首府）吃早餐，那么他们就可以到的里雅斯特（意大利东北部边境城市）吃午餐"，因此他必须想方设法加强对奥地利的控制。正像希特勒选中了奥地利纳粹党一样，墨索里尼也十分青睐以法西斯主义为信仰的奥地利准军事组织——卫乡团。卫乡团成立于"一战"结束初期，成员大多是一些无所事事的退伍军人。与奥地利纳粹党处境类似，卫乡团多年来也不受奥地利民众待见，屡次在全国和地方选举中受挫。直到1931年9月，基督教社会党与卫乡团的一个政治组织乡土集团结成联盟，才让卫乡团分享到了一些权力。

奥地利各地的卫乡团派系众多、互不统辖，这时同陶尔斐斯合作的是施塔亨堡领导的一派。恩斯特·吕迪格·冯·施塔亨堡出身旧奥匈帝国贵族家庭，为人思想激进又冲动易变，权力欲极强。他拥护泛德意志主义，却不赞成德奥合并。1923年，施塔亨堡跑到慕尼黑参加希特勒发动的"啤酒馆政变"，但不知为何，随后他就对纳粹主义失去了兴趣，转而推崇起意大利法西斯主义来。1930年9月，施塔亨堡当上了奥地利内政部长，但由于他把人际关系处理得一团糟，不久就被踢出了政府。

陶尔斐斯任总理后，重新启用了赋闲的施塔亨堡。除了看中他反对德奥合并的立场，陶尔斐斯还有意让卫乡团充当意奥两国合作的桥梁。野心勃勃的施塔亨堡想的却是能假意大利之手，把奥地利的大权揽到自己怀中。至于墨索里尼，是早就打算把卫乡团和施塔亨堡当成代理人来栽培的。1932年6月，陶尔斐斯就曾派施塔亨堡赴意大利，请求给予经济、军事和外交的全方位援助，墨索里尼满口应允。此后陶尔斐斯、墨索里尼和施塔亨堡三人结成了微妙的关系。

1933年8月19日，陶尔斐斯一年中第三次赴意大利会晤墨索里尼。墨索里尼正想利用陶尔斐斯在夏天遇到的外交挫折，进一步加强对奥地利的控制。他极力渲染陶尔斐斯这次访问意大利的意义，说它将为奥地利掀开新的一页。会谈中，墨索里尼告诉陶尔斐斯，意大利已为奥地利制订出了一份预防德国入侵的军事计划和一个内政改革的详细方案。这个方案的核心是奥地利建立专制政府、将所有政治力量并入一个单一的民族阵线组织、吸纳更多的卫乡团成员进入政府等。此外，墨索里尼还要求奥地利与匈牙利保持友好关系。方案中有些条目是陶尔斐斯已经或正在完成的，但对一部分涉及卫乡团的内容，由于陶尔斐斯不愿让卫乡团势力膨胀过快，就没有答应墨索里尼。

陶尔斐斯刚刚回国，施塔亨堡也在9月1日赶到罗马，向墨索里尼告了陶尔斐斯一状。墨索里尼立刻致信陶尔斐斯，"建议"他解除两名来自乡村联盟的内阁成员的职务，由施塔亨堡等人接替。陶尔斐斯无计可施，唯有一一照办。

1933年9月11日是1683年维也纳之战胜利250周年纪念日。在那场战役中，奥地利帝国奋力阻挡住了奥斯曼帝国对欧洲的进犯。陶尔斐斯在纪念庆典上发表演讲。除了回顾奥地利的光荣历史，他着重指出奥地利将在一个强有力的威权政府带领下，建成"以社团制和天主教为基础的德意志国家"。他解释说："威权并不代表独裁统治，而是一种规范的权力，意味着政府将由富有责任感、无私和奉献精神的人组成。"陶尔斐斯没有提到与社会民主党决裂，因为他觉得社会民主党在议会被终结后已不构成威胁，犯不上再斩尽杀绝，这又惹得墨索里尼和施塔亨堡很不高兴。在两人反复要求下，陶尔斐斯被迫于9月20日重组政府，出身乡村联盟的副总理温克勒和基督教社会党的陆军部长沃戈因等人辞职，卫乡团维也纳地方领导人埃米尔·费伊出任副总理。虽然内阁中的外交和国防部长等重要职务仍由陶尔斐斯任命，但陶尔斐斯还是对卫乡团势力大增忧心忡忡。为了不让奥地利与意大利紧紧绑在一起，陶尔斐斯多次向墨索里尼表示奥地利"前进的步伐已经够快，不希望朋友再从后面推"，"计划是否转化为行动，要视奥地利的实际情况而定"。墨索里尼一概置若罔闻。

陶尔斐斯抛弃议会制度也好，成立"祖国阵线"也罢，本意都是为了加强权力，但如今适得其反，他对卫乡团的依赖反而大大加深，而意大利的干预又使陶尔斐斯与社会民主党无法和解，这令陶尔斐斯陷入了进退两难的境地。他绝不愿看到意大利在奥地利一手遮天，因为那无异于"用意大利的占领代替了德国的侵略"。出于平衡的考虑，陶尔斐斯又调过头来，准备缓和一下剑拔弩张的德奥关系。

9月26日，陶尔斐斯提出愿与德国外交部长牛赖特举行会谈。牛赖特对陶尔斐斯的示好倒是很感兴趣，但碍于希特勒之前有德国政府不得与奥地利政府接触的训令，他无法同陶尔斐斯见面。陶尔斐斯只得转而考虑开展党派层面的谈判。9月27日，哈比希特派代表福帕等人来到维也纳，与陶尔斐斯商讨谈判的详细事宜。陶尔斐斯本就非常讨厌哈比希特，加上不久前后者还妄称要"清算陶尔斐斯政府"，在奥地利成立一个"得到全体人民信任的纳粹党政府"，因此不想与哈比希特谈，而是希望与希特勒或纳粹党二号人物赫斯会晤。但是哈比希特态度蛮横，一再称他有希特勒的授权，陶尔斐斯必须同他谈判。

经过福帕等人几番往来传话，陶尔斐斯勉强同意先与哈比希特见面。他开列了几项奥地利政府改组的条件，包括奥地利纳粹党参加政府后德奥关系应随之改善、副总理费伊继续在内阁中留任等。哈比希特先是表示接受，然后提出他要加入奥地利国籍并担任副总理（陶尔斐斯仍任总理）、内阁其他职位由陶尔斐斯和哈比希特指定的人选各占一半、解除对奥地利纳粹党的禁令、提前举行全国选举、建立友好的德奥关系等。哈比希特还许诺说，谈判期间他将约束奥地利纳粹党的活动。由于双方的分歧太大，陶尔斐斯再次建议先举行德奥两国政府间的谈判。但等了很长一段时间后，希特勒仍在12月11日坚称"德奥关系的首要问题是党派问题"，并指示德国驻奥地利大使里特不得介入陶尔斐斯与奥地利纳粹党的谈判，彻底堵死了两国政府谈判的可能性。信心大增的哈比希特趾高气扬地对陶尔斐斯说，摆在他面前的只有两条路，要么以奥地利总理的身份为德意志民族的未来做出贡献，要么像魏玛共和国最后一任总理施莱彻尔①那样，坐等被奥地利纳粹党撵走的结局。

陶尔斐斯确实没有更多选择，只能硬着头皮继续与哈比希特打交道。为了让奥地利政府颜面上好看一点，陶尔斐斯建议由哈比希特主动发起会谈邀请，再由希特勒予以批准。牛赖特提议把会谈放在意大利外交副大臣苏维奇访问奥地利之后，陶尔斐斯却想在苏维奇来之前就结束会谈，好给意大利一点压力。双方几经沟通，最后将会谈日期定在了1934年1月8日。但就在7日，消息遭到泄露。施塔亨堡和费伊等人威胁陶尔斐斯必须取消与哈比希特的会谈，否则将引起奥地利政府的分裂。墨索里尼也唯恐陶尔斐斯与奥地利纳粹党妥协，急令意大利驻奥地利大使向陶尔斐斯提出严重抗议。事已至此，陶尔斐斯只好再次迁就墨索里尼。第二天一早，哈比希特就从德国外交部那里得到了会谈被取消的

---

① 施莱彻尔（1882—1934）：德国陆军将领、国防部长。1932年12月接替巴本出任总理，仅两个月即被希特勒取代。

通知，懊丧不已的他坚持来到了维也纳，想在11日会见陶尔斐斯，结果还是扑了个空。

1月18日，苏维奇抵达维也纳。他捎来了墨索里尼的口信，警告陶尔斐斯如果不按墨索里尼的旨意行事，意大利方面就将考虑更换奥地利领导人。26日，苏维奇又致信陶尔斐斯，要他尽快与社会民主党彻底决裂。由于既无法改善德奥关系又不能摆脱意大利，陶尔斐斯决定再到国际上碰碰运气。

此时奥地利的外部形势略有变化。2月6日起任法国外交部长的巴尔都是一位对德国持强硬态度的政治家，他试图重建法国的同盟，遏制德国的崛起势头，因此有意联合陶尔斐斯。但英国对说服德国重返国联和世界裁军大会还没有死心，只愿向奥地利提供一些间接的经济援助。外交大臣西蒙依然不改在奥地利问题上的顽固看法，他对墨索里尼说："维护奥地利主权的完整性是英国的一项任务，英国将尽一切可能施加影响，但无法积极地干预（奥地利事务）。"西蒙甚至觉得，意大利对奥地利的控制加强，能够减轻英国本该承担的义务，对英国反而是好事。

墨索里尼情知陶尔斐斯不愿受意大利摆布，他一面向陶尔斐斯灌输"在德国退出国联后，奥地利再向国联求援已没有意义"，同时又准备断陶尔斐斯的后路，迫使其完全倒向意大利。1934年2月11日，在墨索里尼的指使下，副总理费伊绕过陶尔斐斯，命令卫乡团率先发动了对社会民主党的清剿，这就是有名的"奥地利内战"。激烈的内战持续了四天之久，社会民主党遭受重大损失，仅维也纳就有1000多名"保卫共和联队"成员身亡。此后社会民主党被迫转入地下活动，领导人奥托·鲍威尔等逃亡国外。"祖国阵线"成为奥地利的唯一合法政党。

"奥地利内战"发生后，国际社会反应强烈。美国批评陶尔斐斯与卫乡团的合作"一开始就是个错误"，英法两国齐声谴责奥地利政府的暴行，捷克斯洛伐克、南斯拉夫等邻国都表达了类似的观点。意大利在奥地利人心目中的形象也大跌，很多奥地利人觉得，既然国家总不免要屈服于德意这两个法西斯政权之一，那么选择同一民族的德国总比意大利要好。没有卷入"内战"的奥地利纳粹党则幸灾乐祸，认为政府与民众的对立情绪严重，将使它有机可乘。经过这次动乱，陶尔斐斯和"祖国阵线"的社会基础大大萎缩了。

为了安抚混乱中的奥地利，2月17日意大利联合英法发表《英、法、意三国关于维护奥地利独立完整的联合宣言》，表示三国政府将"依照有关条约维持奥地利的独立和完整"。和以往一样，这又是一个缺乏实质意义的空洞声明。意大利还准备从经济上给予奥地利一定补偿。2月20日至23日，苏维奇先后访问维也纳和布达佩斯，劝说奥地利和匈牙利扩大与意大利的经济合作。陶尔斐斯虽不愿让奥地利的政治和经济都受意大利支配，但在英法两国援助无法到位的情况下也只能俯首。3月17日，意大利与奥地利、匈牙利签署《罗马议定书》，规定意大利担保奥地利不受德国侵犯和吞并、意奥匈三国实行经济互惠政策等。《罗马议定书》使意大利基本达到了控制奥地利的目的。一百年前，意大利曾被奥匈帝国压得喘不过气，而如今形势完全颠倒了过来。茨威格评价道："陶尔斐斯政府为维护奥地利的独立、抵御希特勒，一直在拼命寻找最后一根支柱。法国和英国太疏远了，而且它们对奥地利也极为冷漠；捷克斯洛伐克仍然怀着宿怨，在跟维也纳竞争——于是，只剩下意大利了，它正在争取成为奥地利在经济上和政治上的保护国，为奥地利保护阿尔卑斯山的关卡和的里雅斯特。可是墨索里尼却为这种保护提出了苛刻的条件。"

1934年5月1日，奥地利颁布新宪法，正式成立威权政府，"奥地利共和国"也更名为"奥地利联邦"。新宪法以"万能的上帝为一切权力的来源"为开篇，规定国家的中央权力由一种社团等级制度构成，议会改由多个按职能划分的政务会选举产生，总统则由奥地利各市的市长选举产生。新宪法还大幅度强化了总理的行政权力，使其地位凌驾于立法机构之上。至此，陶尔斐斯实现了所谓的"奥地利法西斯"统治。他乐观地认为，"五月宪法"可以使奥地利避免自由民主和极权专制两种极端，走"第三条道路"。在当天的讲话中，陶尔斐斯满怀激情地说："1934年5月1日将是奥地利历史上永远值得纪念的一天。它向全世界和子孙后代展示了一代奥地利人是如何在一个政治、经济和精神都空前困难的关头，纠正了十五年乃至一百五十年以来的错误，开始为我们这个虽小但自由、独立的家园营造一座新房子。""祖国阵线"的成员看似众多，但大部分不是自愿加入，而是通过各种党派组织的联合拼凑起来的。从1934年到1938年，奥地利仅是个形式上的法西斯国家，威权政府有名无实，陶尔斐斯充其量也只能算个"半独裁"的领导人。

陶尔斐斯知道，光凭一个威权政府不足以抵制德奥合并，还必须对奥地利民众进行爱国主义教育。他认为，有两种方法能够激发民众的爱国情操，其一是宣称奥地利比德国更能代表全体德意志人民；其二是延续基督教社会党之前的做法，重写"奥地利"的历史，塑造"奥地利"特色的民族精神，突出"奥地利人"的特殊性，进而创建一种全新的奥地利认同。陶尔斐斯选择了较为简单易行的后一种方法。1934年3月，陶尔斐斯签署法令，规定学校应该"教育年轻人以合乎宗教道德的、爱国的、忠于社会和人民的方式来感知、思考和行动"。与1927年法令规定初等教育的目标是培养"受过教育的德意志人"相比，1934年法令更加注重奥地利国家的概念。

陶尔斐斯一再强调，必须使年轻人成为具备爱国意识和爱国精神的奥地利人。教育部门重新编排了旨在培养学生对国家真挚感情的课程，确立了一套严格筛选和管理学校工作人员的制度，要求教师能够"使年轻人见到一个更美好的奥地利"。比如，一门名叫"祖国研究"的课程涵盖了新的奥地利历史、地理和文化观，它明白无误地告诉学生：奥地利是神圣罗马帝国和奥匈帝国的继承者、东西方世界交往的桥梁和欧洲天主教文化的支柱。哈布斯堡王朝曾成功抵御了奥斯曼帝国的入侵，捍卫了基督教和西方文明，并将德意志各邦国团结在一起。奥地利对世界、特别是对德意志民族做出了重大贡献，以往那种认为哈布斯堡王朝对德意志事务漠不关心、普鲁士才是推动德意志民族发展真正动力的观点是错误的。奥地利在历史上曾与普鲁士长期斗争，以天主教原则为核心的奥地利国家精神与德国的纳粹主义格格不入。一位奥地利教师说，学生将在新的奥地利精神下接受教育。奥地利政府也经常围绕爱国主义思想组织社会活动，不断鼓励年轻人以奥地利人的身份为荣，强化他们对国家的归属感和为国家尽责的义务感。

国家认同观的构建是一个艰巨而漫长的任务，不可能在陶尔斐斯短短两年多的任期内得到彻底改变。但是，1934年的奥地利政府毕竟意识到了国家认同观的重要性，民众盲目追求德奥合并的思潮得到了控制，国家观念也有所增强，这些都为第二次世界大战后奥地利重构国家认同观奠定了基础。

五、七月政变

因为有意大利撑腰，卫乡团在与奥地利纳粹党的明争暗斗中占了上风。但施塔亨堡对费伊一派得势极度不满，他将前不久阻挠陶尔斐斯同奥地利纳粹党谈判的事抛到了脑后，竟想转头与奥地利纳粹党一起对付费伊。1934年3月26日，施塔亨堡派助手卡尔滕伯克少校制订了一份详细的计划书，作为与奥地利纳粹党合作的纲领文件。在计划书中，施塔亨堡乞求希特勒明确表态支持他本人和他领导的卫乡团派别，任命他为奥地利摄政。另外，施塔亨堡还打算让奥地利纳粹党及其军事力量并入卫乡团，组织经费也改由德国而不是意大利发放。作为回报，奥地利的对外政策将接受德国的指导。这份计划书实际上是施塔亨堡为投靠希特勒而开出的价码，充分暴露了施塔亨堡一伙唯利是图、毫无原则的面目。

差不多同一时间，费伊也向哈比希特驻维也纳的私人代表沃茨特表达了缓和关系的意愿。奥地利纳粹党内部对此莫衷一是，一向瞧不起施塔亨堡的哈比希特想与费伊合作，其他一些奥地利本土头目则倾向于施塔亨堡。4月27日，施塔亨堡联系上了几个慕尼黑的奥地利纳粹党头目，商定于5月3日在维也纳举行会谈。与1月份正相反，这次轮到陶尔斐斯闻讯后出面干预，施塔亨堡只得在5月3日当天取消了会谈。卫乡团与奥地利纳粹党的相互试探也就到此为止了。

远在柏林的希特勒对施塔亨堡和费伊二人的争斗作壁上观。不过为了弄清奥地利的真实形势，3月15日他下令德国广播和报纸暂时停止攻击奥地利政府，连哈比希特也被要求不得再肆意谩骂陶尔斐斯。正因为如此，奥地利难得地平静了一阵子。但很快，随着陶尔斐斯成立威权政府，激进的纳粹分子又开始在奥地利境内频繁闹事。5月29日，沃茨特向哈比希特报告称，奥地利各地纳粹分子的行动已经难以约束。他还出主意说，如果暴动不可避免，那就不如索性策划一场有组织的政变。德国外交部获悉奥地利纳粹党的企图后曾尝试舒缓紧张局面，如命令"奥地利军团"撤离德奥边境等。但由于奥地利纳粹党不归德国外交部管，能阻止事态继续恶化的只有希特勒了。

1934年6月初，牛赖特向希特勒报告奥地利纳粹党的恐怖活动有愈演愈烈的趋势。6月14—15日，希特勒生平第一次赴意大利与墨索里尼会面。在威尼斯，希特勒就奥地利形势向墨索里尼谈了几点意见：第一，德国目前对德奥合并没有兴趣，不希望将这一问题国际化；第二，奥地利政府首脑须由一位没有任何政党背景的人物担任；第三，奥地利要尽快进行全国选举；第四，奥地利政府要吸纳一批奥地利纳粹党成员加入；第五，奥地利的经济困境应由德意两国共同协商解决。虽然希特勒和墨索里尼都承认"奥地利不应成为影响两国关系的障碍"，但德意两国分别操纵奥地利纳粹党和卫乡团的做法却丝毫未变，两个独裁者也没能在奥地利问题上达成一致意见。回到罗马的墨索里尼称希特勒是"低能儿"和"疯子"，说"跟一个没完没了地谈论奥地利和发动欧洲战争的人共事是不会有好处的"。墨索里尼还召见了德国驻意大利大使，告诉对方鉴于针对奥地利政府的暴力行为仍看不到停止的迹象，他不能敦促陶尔斐斯与奥地利纳粹党谈判。

意大利的不合作态度和从德国偷运来的大批武器弹药坚定了奥地利纳粹党铤而走险的决心。6月25日，哈比希特召集亲信谋划政变。奥地利纳粹党下属的一个准军事组织——党卫队89旗队头目格拉斯拟出了一份政变计划。按照这个计划，政变开始后政变分子将立即逮捕奥地利总统、总理及全体内阁成员，再宣布由奥地利驻意大利大使林特伦接替陶尔斐斯组织新政府。格拉斯还提醒众人，必须争取奥地利军方的支持，这是确保政变成功的重要条件。然而，仓促起事的哈比希特没有认真听取他的意见，只是吩咐格拉斯在奥地利军队和警察中尽可能多地寻找支持者。

山雨欲来之际，奥地利的"三巨头"仍在不断内讧中。陶尔斐斯和施塔亨堡都想抑制费伊的权势，他们打算任命费伊为奥地利驻匈牙利大使，顺势把他撵出权力中枢。费伊识破了二人的用意，拒绝到布达佩斯就职。一番讨价还价后，施塔亨堡取代费伊当了副总理，费伊改任安全部长，三个人只好继续在维也纳耗下去。施塔亨堡还从匈牙利方面打听到一个消息：奥地利纳粹党可能会勾结费伊，在近期发动政变。据施塔亨堡后来说，他曾向陶尔斐斯建议逮捕费伊，但陶尔斐斯没有答应，只是将费伊降为不管部长兼国家安全事务专员，并亲自接管了国防部和安全部。因为陶尔斐斯想等7月底与墨索里尼见面后再搞一场政治"荡涤"，到那时所有问题就会迎刃而解。对于奥地利纳粹党即将发动政变的情报，陶尔斐斯也没有给予足够的重视。

被政变分子内定为总理的林特伦并不是奥地利纳粹党成员，但他与后者过从甚密，早就表态愿无条件听从哈比希特的命令，他在维也纳的住所是政变分子密谋策划的据点之一。林特伦对陶尔斐斯即将访问意大利感到极度不安，他猜测陶尔斐斯这次与墨索里尼和8月与法国外交部长巴尔都的会晤可能对奥地利纳粹党不利，因为就在6月19日，巴尔都还曾赴维也纳，向陶尔斐斯亲口承诺"即使奥地利现在是威权政府当政，法国所有党派也都决心支持它"。林特伦催促哈比希特必须要在7月底之前动手。7月16日，哈比希特召集参加政变的奥地利纳粹党众头目，最后一次商讨政变的各种细节。政变时间定于7月24日下午陶尔斐斯召开内阁会议期间，以便把奥地利内阁成员一网打尽。

7月20日，维也纳法院判处7名私藏爆炸品的纳粹分子死刑，设在慕尼黑的纳粹党电台随即扬言要以陶尔斐斯的脑袋为他们抵命。23日，纳粹党电台又叫嚣"审判陶尔斐斯的日期即将来临"。这些再明显不过的政变前兆仍然未能引起奥地利政府的警觉。同一天，林特伦等人先后秘密潜入维也纳做好准备。由于24日的奥地利内阁会议延期，政变被临时推迟到了25日凌晨。

24日午夜刚过，154名身着奥地利军警制服的党卫队89旗队队员混过宪兵的盘问，进入戒备松懈的奥地利总理府，几分钟内就控制了整幢建筑。与此同时，十几名政变分子按计划占领了维也纳广播电台，播报了陶尔斐斯已经辞职、林特伦被任命为新总理的假消息。早已集结在德奥边境的"奥地利军团"也开始越境向奥地利进发。

陶尔斐斯得知发生政变后马上终止了会议，大多数内阁成员在政变分子闯入会议厅之前就迅速撤离总理府，并转移到了国防部。奥地利政府的运转没有中断，政变分子只扣押了没来得及离开的陶尔斐斯、费伊和国务秘书卡尔文斯基三人。其中费伊的表现十分奇怪，他早就知道维也纳即将有变，起初不愿让奥地利纳粹党这么快就夺权，也曾想提醒陶尔斐斯先下手为强。但当政变组织者向费伊许以未来林特伦政府的安全部长一职后，他便不假思索地接受了。就在政变之前，费伊还命令维也纳的卫乡团成员不得向政变分子开火，甚至要卫乡团和奥地利纳粹党"保持行动一致"。很可能他是故意留在总理府不走的。

陶尔斐斯失去自由后尝试从总理府的一个出口逃走，可是却打不开门。随后他遭到一名追赶过来的政变分子的近距离枪击，颈、腹部连中两弹。由于伤势过重，又得不到及时治疗，四小时后陶尔斐斯与世长辞。临终前，他身边没有一个亲人和朋友，连聆听天主教徒临终祈祷的教士也无法赶到。然而这位有"小梅特涅"之称的顽强斗士在生命垂危之际仍然保持了总理的尊严，他始终严词拒绝辞职，不让政变分子的预谋得逞。

陶尔斐斯任总理的两年是德奥关系急转直下的时期。只要希特勒还在德国掌权，陶尔斐斯就绝不允许奥地利与德国合并。他先后建立起"祖国阵线"和威权政府，竭尽全力应对希特勒及其代理人奥地利纳粹党的不断挑衅。尽管推行"奥地利法西斯"的做法遭到了国际舆论的诟病，也损害了他的声誉和后世对他的评价，但陶尔斐斯从来不曾想过要掌握无限的权力，他只是希望保留一个天主教传统的、不受纳粹主义污染的奥地利，并最终为此献出了生命。从这一点说，陶尔斐斯无愧于奥地利爱国者的称号。

政变分子本来以为政变可以轻而易举得手，不料他们一向轻视的奥地利政府此次十分果断。米克拉斯总统宣布这些政变分子为叛乱者，不接受他们提出的任何条件，同时紧急任命教育部长许士尼格为代总理。政变发生一小时后，总理府被奥地利军队和警察团团包围，困在里面的政变分子成了瓮中之鳖。随着时间一分一秒地流逝，政变分子的信心逐渐消耗殆尽。他们想与奥地利政府谈判，以保全性命。

为了尽快平息政变，奥地利政府许诺，只要政变分子保证人质安然无恙，放下武器走出总理府，就可以武装护送他们到德奥边境。政变分子又提出让德国驻奥地利大使里特充当谈判见证人。里特一时糊涂，在没有请示希特勒的情况下就答应以个人而不是官方身份进行协调。然而，陶尔斐斯的死讯令政变分子失去了要挟的价码，更激起了奥地利政府的愤慨。很快，大部分政变分子被逮捕，包括杀害陶尔斐斯的凶手在内的5名主要成员经审判后被处以极刑，逃跑不成又自杀未遂的林特伦被判无期徒刑。奥地利纳粹党在施蒂里亚、克恩滕等地掀起的骚乱也旋即被扑灭，已越过边境的"奥地利军团"先头部队亦被逐回。"七月政变"以奥地利纳粹党的完败而收场。

奥地利发生政变的消息传出后，国外反应最激烈的是意大利。原计划几天后与陶尔斐斯会晤的墨索里尼直言"希特勒是害死陶尔斐斯的凶手"。尤其令他恼火的是，驻罗马的林特伦竟也是政变主谋之一，这无异于打墨索里尼的脸。7月25日下午，墨索里尼电令意大利驻奥地利领事莫雷阿莱全力协助奥地利政府平息政变,同时派出四个齐装满员、总兵力10万人的意大利精锐师进驻意奥交通要道布伦纳山口和卡林西亚边境,摆出一副要与德国一决高下的架势。他还向陶尔斐斯夫人致以慰问,并给施塔亨堡发电报说:"奥地利的独立是意大利为之奋斗、并将继续为之奋斗的一个原则。"同一天,英法两国驻德大使也奉本国政府之命,提醒德国注意奥地利的独立地位是受国际条约保护的。

希特勒对政变的态度是:如果成功就欣然享受胜利果实,如果失败则必须撇清与德国的关系。他对里特不经授权就擅自出头露面、给外界留下德国是政变幕后主谋的印象一事十分震怒,下令将里特召回严惩。鉴于德国此时的外交环境尚无改观,扩军备战也刚刚起步,希特勒自感武装进占奥地利的时机不成熟,只好申明不赞成奥地利纳粹党的行动,对陶尔斐斯遇刺予以谴责,并改派资深政客、前总理冯·巴本出任德国驻奥地利大使。此后多年里,希特勒一直声称自己事先毫不知情。不过,时任巴伐利亚第7军区指挥官的威廉·亚当将军日后回忆说,政变发生前一天,希特勒就向他透露"奥地利政府今天将被推翻",命令他放开德奥边境,让集结在此的"奥地利军团"返回自己的国家。希特勒还告诉亚当"一有来自维也纳的消息就通知你",但他始终没接到后续命令。

"七月政变"的失败使"德奥一体化"政策遭遇了一次重大挫折,奥地利纳粹党没能得逞的原因仍在于自身力量不足。这个党的组织结构非常松散,既没有明确的行动纲领,也不具备深厚的群众基础,更缺少一个能够驾驭和统领全党的领导人。哈比希特虽然被希特勒指定为实际上的党首,但他是德国人,大部分时间都待在慕尼黑,号召力不足以服众,其他一些头目经常各自为政。希特勒这时还不敢明目张胆地插手奥地利事务,只能以舆论宣传、训练人员、偷运武器等方式接济奥地利纳粹党。1933年6

月被奥地利政府取缔后，损失惨重又失去合法地位的奥地利纳粹党在本土的立足和发展都受到极大制约，只好孤注一掷，强行依靠暴力夺权。然而奥地利纳粹党没有得到军队和警察的支持，本身也不掌握像样的武装力量，政变基本没有成功的可能。相反，陶尔斐斯加强政府权力的措施收到了一定效果，外部又有墨索里尼做后援，特别是政变发生时意大利直接陈兵意奥边境，终使希特勒未敢轻举妄动。

但是，希特勒的后撤只是暂时的，不久就会卷土重来。随着国内外形势的骤变，奥地利面临的威胁也越来越大了。

第六章

最后的抗争
（1934—1938 年）

一、内外交困

"七月政变"使希特勒意识到,在没有完全断绝奥地利的外援之前,仅凭奥地利纳粹党一己之力是无法与奥地利政府和"祖国阵线"对抗的,而一味怂恿奥地利纳粹党蛮干的做法也容易使德国成为国际舆论抨击的靶子。正如当年从"啤酒馆暴动"的失败中吸取教训一样,希特勒迅速调整了他的奥地利政策,将重点转为迫使英国、法国和意大利等大国放弃对奥地利的支持,同时把匈牙利等小国拉到德国一边,待奥地利孤立无援后,再由奥地利纳粹党接管权力。

1934年8月3日,希特勒下令关闭了奥地利纳粹党驻德国的办事机构,德国境内的一些奥地利纳粹党团体或解散、或重组。未经德国宣传部门许可,上至纳粹党各级长官,下至普通党员,都不得再在报纸和广播上讨论德奥关系之类的话题。希特勒甚至要德国纳粹党与奥地利纳粹党撇清干系,让奥地利纳粹党蜕变为"纯粹的奥地利政党"。他还一反以往不与奥地利政府和执政党接触的做法,开始考虑笼络"祖国阵线"中一些反对纳粹主义但持有泛德意志思想的人士。由于希特勒对奥地利的态度转变得太过突然,德奥两国许多纳粹分子的脑子一时还转不过弯来。为了给这些人打气,赫斯特地出面向他们解释:"元首改变的只是策略,而非德奥合并的最终目标。"当然,许多事情希特勒也只是说说而已。他曾向外交部长牛赖特保证,要把不断滋事的"奥地利军团"撤销,却始终没落实。3.5万名旅居德国的奥地利流亡者中差不多有四分之一接受了系统的军事训练，随时等待德国的征调。

奥地利政府的人事变动也很大。政变平息一周后，陶尔斐斯的助手和挚友库尔特·许士尼格正式接任奥地利总理。律师出身的许士尼格比陶尔斐斯小五岁，自幼生长于贵族家庭，养成了谦和、儒雅的作风。1927年，许士尼格加入基督教社会党，同年成为国民议会中最年轻的议员，是深得塞佩尔赏识的一位青年才俊。1932年，许士尼格被陶尔斐斯任命为司法部长，后又改任教育部长。在1933年3月陶尔斐斯终结议会和1934年2月镇压社会民主党等事件中，许士尼格均发挥过重要作用。他的政治倾向比较保守，有恢复君主制的思想，和陶尔斐斯一样坚定反对德奥合并。在许士尼格的领导下，奥地利又顽强地坚持了4年之久。

许士尼格就职后遇到的头一个麻烦来自新任德国驻奥地利大使冯·巴本。许士尼格向德国方面提出三点要求，作为允许巴本赴维也纳上任的条件：第一，承认并保障奥地利的完全独立；第二，解散"奥地利军团"；第三，停止对奥地利纳粹党的经济和军事支持。希特勒回复说，如果许士尼格对巴本有异议的话，那他就收回成命，并且抗议奥地利对德国的"严重侮辱"。僵持到8月7日，许士尼格只得妥协，同意巴本即日到任。希特勒也顺势作了一点让步。巴本为人诡计多端，是个极难对付的外交老手。英法等国媒体都不看好巴本出使奥地利的前景，认为希特勒是用阴谋的外交手段代替了直接的暴力行动。一份意大利报纸讲得直白："德国派巴本担任驻奥地利大使实为包藏祸心，将使奥地利更加迅速地被德国合并。"

许士尼格的另一个麻烦就是副总理施塔亨堡。"七月政变"后，两人一起领导着奥地利政府和"祖国阵线"。但在这个二元化的政府中，基督教社会党和卫乡团两大派别的矛盾丝毫没有减弱。有了陶尔斐斯的前车之鉴，许士尼格对卫乡团更为警惕。他一面继续重用施塔亨堡、瓦尔德内格（任外交部长）等卫乡团领导人，防止卫乡团与政府作对；另一面自己又身兼国防、司法和教育三个部长，不肯轻易放权。施塔亨堡这边，也不以副总理为满足。本来，施塔亨堡以为卫乡团在平定政变中有功，下一任总理非己莫属，因而屡次公开称"我将与安全部长费伊、教育部长许士尼格通力合作，确保奥地利的前途"。不料美梦破灭，权欲熏心的施塔亨堡自然对许士尼格恨之入骨。许士尼格是南蒂罗尔人，"一战"期间又曾在对意大利作战时被俘，直到1919年9月才获释归国。这种经历使许士尼格无法像陶尔斐斯和施塔亨堡那样信赖墨索里尼。虽然看到了"七月政变"时意大利与英法两国截然相反的表现，但许士尼格仍不相信意大利是真心想保护奥地利，也不敢和意大利缔结双边军事协定，以防被拴得更牢。

1934年8月28日，许士尼格通知英法意三国，他将出席9月在日内瓦召开的国联会议，希望届时能与各国签订一个"确保奥地利的内政和独立不受外国、特别是德国干涉"的协定。9月初，奥地利政府把近期搜集到的、能揭露是德国一手策划了"七月政变"的材料汇集成册，其中包括一份7月25日从一名试图穿越德奥边境的信使身上发现的文件，里面记载着旨在颠覆奥地利政府的政变详细计划；还有一份奥地利特工人员窃取的8月18日在莱比锡召开的德国纳粹党高层会议的记录副本，从中可以看出希特勒并没有在德奥合并问题上改弦更张，德国针对奥地利的敌对行动也没有停止过，只是由明面转入了地下。而且德国政府还竭力掩盖与这些行动的关联，把它们说成是单纯的奥地利国内政治斗争。奥地利政府想借这本小册子，在日内瓦会议上形成有利于己方的舆论。

9月12日，以许士尼格和瓦尔德内格为首的奥地利代表团抵达日内瓦。当天，两人会见了法国外交部长巴尔都。许士尼格告诉巴尔都，目前奥地利局势还算平静，但各国需要尽快采取措施，从政治、经济和军事上把奥地利全面保护起来。之后，奥地利代表团向英法两国递交了德国唆使奥地利纳粹党发动政变和杀害陶尔斐斯的证据，以及"奥地利协定"的初稿。这份初稿包括三部分内容：第一，任何敌对奥地利的活动都与各缔约国的利益相抵触；第二，如果奥地利的独立或国内秩序受到外部势力的威胁，各缔约国应及时给予奥地利援助，直至威胁消除，至于由哪些国家提供援助以及援助的具体方式，由奥地利酌情决定；第三，协定生效后将向缔约国之外的其他国家开放。

令许士尼格失望的是，英国拒绝做出任何形式的承诺。法国要照顾捷克斯洛伐克和南斯拉夫的情绪，且与意大利在中欧事务上龃龉不断，也不赞成"奥地利协定"。意大利更不乐意与法国和小协约国搅和在一起。英法意三国只是在9月27日重申了一下2月17日发表的联合宣言，声明"必须根据有关条约维护奥地利的独立和完整"，草草敷衍了许士尼格。

从日内瓦铩羽而归之后，许士尼格将视线重新转回了国内。考虑到卫乡团是以反纳粹主义为旗号的，许士尼格想起了陶尔斐斯曾用过的办法，那就是通过与奥地利纳粹党谈判来压制卫乡团。这时的奥地利纳粹党激进派已在"七月政变"中损失殆尽，党内以莱因塔特为首的温和派占了多数。出于自保的目的，他们也迫切想要与政府恢复对话。农业工程师出身的莱因塔特原来是乡村联盟成员，在奥地利农民阶层中有一定影响，1930年因为对乡村联盟感到失望而转投奥地利纳粹党。莱因塔特不太热心德奥合并，也不赞成奥地利纳粹党在非法的状态下还继续和政府对着干，因此，哈比希特掌权时期他备受排挤，连上奥地利州纳粹党地方长官的职位也丢了。1933年，莱因塔特结识了许士尼格，一番攀谈后发现两人"一战"期间曾在同一个团服役，算是老战友。许士尼格认为莱因塔特是代表奥地利纳粹党与政府谈判的最佳人选，他鼓励莱因塔特把奥地利形形色色的"民族团体"合并成一个新的组织。听了许士尼格的话以后，莱因塔特心情激动，决定以奥地利纳粹党为核心力量，搞一场轰轰烈烈的"民族运动"，将其他一些泛德意志主义者吸引在奥地利纳粹党周围。

为了取得奥地利政府的信任，也为了能在党内独揽大权，莱因塔特要求奥地利纳粹党切断与那些逃亡到德国的头目的联系。9月15日，莱因塔特致信赫斯，请德国不要再向奥地利纳粹党发号施令，好让许士尼格确信奥地利纳粹党与德国已经没有关系。赫斯明白莱因塔特的想法，立即表示同意。

一向以搅局为能的施塔亨堡很快掌握了许士尼格与奥地利纳粹党的往来情况。他猜出了许士尼格的用意，于是几次要求许士尼格宣布"民族运动"为非法。看到施塔亨堡的反应后，许士尼格更认定与莱因塔特联手才是制衡施塔亨堡的唯一办法。

10月27日，许士尼格和莱因塔特以及一些"民族团体"的代表秘密会晤，商讨合作事项。就在会议进行期间，施塔亨堡出乎意料地闯进了会场，令许士尼格等人大吃一惊。原来27日一早，许士尼格阵营中有人给施塔亨堡通风报信，施塔亨堡当即决定干预。他强迫与会众人把这次会谈的主旨说成是为了结束奥地利的内斗，许士尼格除了违心接受别无他法，因为他知道，施塔亨堡的背后有墨索里尼。果然，意大利驻奥大使普雷齐奥西马上就与施塔亨堡一唱一和，对奥地利政府以"民族运动"为掩护与奥地利纳粹党和解表示强烈抗议。

这场风波过后，许士尼格并未中断同"民族团体"的联络，只是小心了许多。1935年3月，莱因塔特和其他一些小党派的领导人在林茨成立了"民族阵线"。这个新的政治组织主张与"祖国阵线"保持合作而非竞争关系，并且在"祖国阵线"的框架内活动，共同维护奥地利的独立。许士尼格想让"民族阵线"加入政府，以削弱卫乡团势力，但"民族阵线"以奥地利纳粹党原来的准军事组织党卫队为班底，组建了一支隶属于自己的武装力量，并不完全听许士尼格的话。

1935年上半年，国际上连续出现两个与奥地利有关的动态，那就是1月法意两国签署《罗马协定》和4月英法意三国建立"斯特莱沙"阵线。德国一再违反《凡尔赛和约》、重整军备和试图合并奥地利等举动令法国十分担忧，急于寻找新的盟友一同抗衡德国。本来，法国和意大利在中欧和非洲殖民地问题上矛盾重重、难以调解，但1934年4月以来法国一反常态，主动接近意大利。而意大利想的是一旦法意关系稳定，它就可以放心大胆地在非洲扩张。7月，陶尔斐斯遇刺使两国在维护奥地利的独立上找到了共同点。9月的日内瓦会议结束后，法意两国都明白奥地利确实需要一个有效防范德国的国际条约。在10—12月的两国多轮谈判中，奥地利和德奥关系也被列为核心问题之一。其间，法国外交部长巴尔都不幸遭暗杀身亡，致使谈判一度推迟。直到1935年1月7日，接替巴尔都的赖伐尔终于在罗马同墨索里尼订立了一系列改善法意关系的文件，统称《罗马协定》，其中就包含了一个《法意关于共同维护奥地利现状的议定书》。

许士尼格对《罗马协定》非常重视，希望借此推动一个更大的"中欧协定"问世，即奥地利与包括德国在内的所有邻国，再加上英法两国一起声明彼此互不干涉内政和互相尊重领土完整。许士尼格坚信"中欧协定"对奥地利的安全非常重要，但他和副总理施塔亨堡、外交部长瓦尔德内格等政府高官又都尽量避免让奥地利承担抵御德国的义务。1935年2月21—26日，许士尼格出访英法两国。他一再向两国领导人解释，奥地利既不想加入任何反对德国的联盟，也不能流露出明显的反德倾向，理由是德奥两国之间存在"德意志兄弟"的情谊，奥地利军队无法向德国军队开火。实际上，奥地利畏惧与强大的德国正面为敌。对于奥地利既想寻求保护又推卸义务的滑头行为，英法两国自然是非常不满。

3月25日，英国外交大臣西蒙访问柏林，想说服德国重返国联。希特勒先是摆出一副事情好商量的姿态，但当谈及奥地利时，希特勒立刻以不容置疑的口气说，德国无意损害奥地利的主权，保障奥地利安全的最好办法是"让奥地利彻底孤立"。西蒙对希特勒混淆是非的瞎话不但不加以反驳，反而连忙解释英国对奥地利毫无兴趣，更不想介入奥地利事务。4月11日，法国拉着英国和意大利一起在意大利北部城市斯特莱沙商讨欧洲和平问题，同时谴责德国违反《凡尔赛和约》。14日，三国签署了《英、法、意三国在斯特莱沙会议上关于欧洲问题的决议》，再次承诺保证奥地利的独立。可惜，这个决议仍只限于口头抗议而不涉及具体行动。英国首相麦克唐纳和外交大臣西蒙也明确拒绝采取强力手段保护奥地利，只同意在认为奥地利的独立受到威胁时举行一个聊胜于无的"磋商"。

5月，许士尼格又到威尼斯与墨索里尼会晤。他小心地谢绝了墨索里尼提出的由意大利向奥地利提供单边军事援助的建议。许士尼格说："在面临德国的侵略时，奥地利只有两种选择：屈服或依靠欧洲援助。前一种选择是不可能的，所以奥地利必须求助外援。鉴于目前的国际力量对比，我认为仅靠意大利一国是不够的，其他大国也要努力维持中欧地区的领土现状。"许士尼格期盼的，还是英国、法国和意大利三国能够齐心合力共同援助奥地利，这正是1932—1933年陶尔斐斯未能实现的外交目标。但就在斯特莱沙会议结束两个月后的6月18日，英国在事先未通知法意两国的情况下与德国签署了《英德海军协定》，等于承认了德国毁约扩军的合法性。英国的恶劣做法不仅分裂了"斯特莱沙阵线"，也使许士尼格对英法意三国合作的最后一点幻想破灭了。

7月2日，意大利方面传来一个好消息。外交副大臣苏维奇告诉许士尼格，法意两国已于6月27日签订军事协议，当奥地利遭到德国入侵时，法国和意大利将出兵支援奥地利，如有必要，南斯拉夫和捷克斯洛伐克军队也可以助战。许士尼格闻讯甚是欣慰，虽然他仍没忘记强调奥地利军队不会在德国入侵奥地利本土之前卷入对德作战。

不过，许士尼格离真正的"中欧协定"仍差得很远。从1935年3月到9月，各国围绕"中欧协定"的对话一直在时断时续地进行。大国对这个协定反应冷漠。奥地利的几个小邻国之间由于利益分歧严重，连最起码的共识也无法达成。尤其是军备方面，匈牙利坚持要在"中欧协定"中得到平等的权利；捷克斯洛伐克质疑是否有必要在《国际联盟盟约》第十条和第十六条之外另立新约；罗马尼亚不愿因为支持奥地利而得罪德国；南斯拉夫提出要在协定中增加反对意大利"保护"南斯拉夫的条款，并且要限制奥地利和匈牙利的军事力量。奥地利则认为"中欧协定"是一个互惠性质的条约，一再声明不能以"特殊对象"的身份加入协定，以免给民众造成奥地利沦为外国的"保护国"之感。加上德国不断地挑拨离间，半年时间就在各国无谓的争吵和扯皮中耗掉了。10月3日，随着意大利入侵埃塞俄比亚，"中欧协定"也就画上了句号。

二、德奥协定

意大利觊觎埃塞俄比亚由来已久，但受制于错综复杂的大国关系，不敢轻举妄动。法国在《罗马协定》中将一些具有重要战略价值的非洲殖民地让给意大利，默许意大利可以在埃塞俄比亚

"自由行动"，为其侵略这个落后的非洲东部穷国开了绿灯。墨索里尼觉得意大利在奥地利的支配地位业已稳固，随着目光逐渐转向非洲，他不愿意被奥地利再牵扯更多精力。1935年5月，墨索里尼放话称："维护奥地利的独立不是意大利一国的事情，而是全欧洲的义务。除非得到英国和法国的支持，否则意大利不会为了奥地利去反对德国。"当谈到意大利的埃塞俄比亚政策时，墨索里尼又说："意大利不能把自己的历史使命局限在单一的一个政治问题上，或是将全部军事力量都部署在布伦纳山口。"他想用埃塞俄比亚试探一下谁会向意大利"展示真正的友谊"。也就是说，英法和德国谁给的好处多，意大利就倒向谁。

希特勒捕捉到了墨索里尼释放出的信号。对希特勒来说，意埃战争的胜负无所谓。如果意大利战败，那么德国向中欧扩张、合并奥地利就少了一个障碍；如果意大利获胜，它与英法的矛盾就会激化，拉拢起墨索里尼就会更容易。希特勒决定先给墨索里尼一点甜头。他先是命令德国政府严守中立，新闻界不得发表任何同情埃塞俄比亚的报道；意埃战争期间又拒绝向埃塞俄比亚出售军火，相反却为意大利供应急需的煤炭。

英法毕竟不能像德国那样肆无忌惮地绥靖意大利，在两国的操控下，国联宣布对意大利实行经济制裁。但是，德国已经退出国联，这一禁令对它根本没有任何约束力。而英法两国也并非真心制裁意大利，不仅重要的战略物资石油没有被纳入禁运名单，就连英法控制下的苏伊士运河也照样对意大利开放。更令人愤慨的是，意埃两国开战两个月后，6月刚上任的英国外交大臣霍尔和法国总理赖伐尔一起以"和平解决意埃争端"为由，在12月8日匆忙订立《霍尔—赖伐尔协定》，几乎把埃塞俄比亚拱手送给了意大利。看到英法软弱可欺，墨索里尼不仅不加收敛，反而变本加厉一再扩大战事。《霍尔—赖伐尔协定》经报纸披露后，全世界舆论顿时为之大哗，死不认错的霍尔和赖伐尔终于顶不住，只得先后辞职了事。这两人曾天真地以为，在埃塞俄比亚问题上妥协，就可以换取意大利继续支持奥地利。当发现意大利铁了心要抛弃奥地利后，赖伐尔又试探性地询问霍尔，英国是否愿意与法国一道保护奥地利，却被霍尔一口回绝。几番推诿之后，法国也不见什么动静了。

德国对意大利的示好达到了希特勒的预期效果。1936年1月6日，墨索里尼与德国驻意大利大使哈塞尔进行了一次长谈。墨索里尼告诉哈塞尔，奥地利不再信任意大利了，他"担心"奥地利会投入法国和捷克斯洛伐克的怀抱。与其这样，不如把奥地利让给德国。一心要讨好希特勒的墨索里尼竟把奥地利说成是两国友好的"最后一道障碍"，似乎已将两年前差点和德国在布伦纳山口大打出手的一幕忘得一干二净。哈塞尔建议用一个德奥互不侵犯条约来解决奥地利问题，即奥地利保持名义上的独立国家地位，实则变成德国的卫星国，墨索里尼说他对这个建议"很感兴趣"。回到住处的哈塞尔立即将谈话内容整理成报告呈送给了希特勒。

1月20日，希特勒召集外交部长牛赖特等人开会，商讨如何应对意大利方面的新动向。希特勒说，他决心忘掉1934年7月的不愉快经历，与意大利结盟，让奥地利失去最重要的外援。27日，墨索里尼再次向哈塞尔表示，意大利将实施新的奥地利政策。一场意埃战争最终让两个法西斯国家走到了一起。丘吉尔评价说："墨索里尼站到（英国）对面去了。德国已不再孤立。欧洲四个强国，从前是三对一，现在却变成二对二了。"

夹在两大阵营之间的奥地利最为痛苦。许士尼格既要争取意大利回心转意，又怕触怒英法两国。当1935年10月国联大会就制裁意大利举行表决时，奥地利因顾及意奥关系，加上奥地利对意大利出口额占本国年出口总额的三分之一,不得已投出了反对票。当时国联54个成员国中,投反对票的国家只有4个。奥地利为此招致了英国舆论的一致指责,许士尼格只得竭力想办法补救。1936年1月,英王乔治五世病故,维也纳举办了隆重的哀悼活动,葬礼前一周所有建筑物都悬挂黑旗,各种歌剧舞会都被取消,许士尼格还派出以施塔亨堡为首的高规格代表团前往伦敦吊唁,可谓用心良苦。

1月16日,许士尼格出访捷克斯洛伐克,2月22日又访问了南斯拉夫。他打算游说小协约国与奥地利、匈牙利一起签订一个将意大利排除在外的"多瑙河经济协定",作为日后达成政治协定的前导。但这些国家怀疑许士尼格企图利用这个缩小版的"中欧协定"复辟奥匈帝国。许士尼格一再请各国放心:当前奥地利与意大利的关系稳定,奥地利也不会加入任何针对德国的政治组织。他还表示复辟一事纯属捕风捉影,但又说这是奥地利的内部事务,不容许外界说三道四。但许士尼格不知道的是,南斯拉夫驻奥地利大使纳斯塔斯捷维奇在1935年8月就向巴本提议缔结秘密军事协议,约定一旦奥匈帝国复辟,德国和南斯拉夫将共同出兵占领奥地利。捷克斯洛伐克仍然紧跟法国,且怀疑奥地利对苏台德地区有野心,也不可能真心同奥地利站在一起。许士尼格"合纵"的尝试再次落空了。

1936年3月7日,德国公然撕毁《凡尔赛和约》和《洛迦诺公约》,派军队进驻莱茵兰非军事化区。英法对德国的行动不予阻止。墨索里尼事先收到了希特勒的通知——德国不会在进占莱茵兰的同时攻击奥地利,请意大利保守中立。意大利政府内部分歧很大,外交副大臣苏维奇主张意大利坚持反德政策,因为意大利毕竟还是"斯特莱沙阵线"的成员之一;但主管新闻和宣传的墨索里尼女婿齐亚诺赞成与德国交好,因为"法国已经背叛了意大利"。墨索里尼反复权衡之后，采纳了齐亚诺的意见。形势的骤变令许士尼格忧心忡忡。就在德国进军莱茵兰的第二天，许士尼格悲观地说："《凡尔赛和约》已被废除，希特勒将推行他的大德意志计划。"他还向匈牙利总统贡博什吐露了自己的忧虑：奥地利将是德国的下一个受害者。

据许士尼格和瓦尔德内格等人估计，德意接近、英法与意大利对抗都只是暂时的，一旦意埃战争结束，国联解除了对意大利的制裁，英法与意大利的关系就会恢复正常，德意关系将随之趋冷，因此许士尼格呼吁"不要让中欧变成莱茵兰"。他说："如果法国和英国，或者法国自己，能够让德国明白侵略奥地利会遇到干涉，那么德国对奥地利的威胁就会消失。"3月20日，奥地利政府秘密联系法国政府，询问在法意军事协定的基础上与英国、法国和意大利组建"集体安全体系"的可能性。许士尼格努力让法国相信，德国重新占领莱茵兰之后，下一步就会轮到奥地利，因为德国需要奥地利的电力和钢铁。奥地利无力独自防御德国，如果法国能够在德国西部边境牵制大批德军，意大利和奥地利就可以有效地抵抗德国从东南方向的入侵，而且奥地利军队也已经制订出了沿恩斯河一带防御德军的作战计划。总之，建立一个包括法国、意大利甚至英国在内的新安全体系至关重要。

但同时，许士尼格又一次老调重弹，说西方大国在保护奥地利时需要注意以下两点：第一，奥地利在这个"集体安全系统"中与其他国家是平等的；第二，德奥两国民众同属德意志民族，而奥地利人的民族感情依然十分强烈，当德国攻击奥地利之外的其他国家时，奥地利不能参加对德作战。法国不认同许士尼格的论调，加之法意军事协议实质上已经崩溃，所以无动于衷；英国则仍旧对奥地利问题放任自流。瓦尔德内格沮丧地对美国驻奥地利大使梅尔史密斯说："巴黎和罗马正在为解决埃塞俄比亚问题而努力，这很值得期待。……但不幸的是国联已经名声扫地，而英国还没有认识到它和欧洲其他国家一样正面临德国的直接威胁。"

3月21—23日，许士尼格赴意大利出席一年一度的《罗马议定书》三国领导人会议。虽然会上签署的《罗马议定书》附件中再次重申意奥匈三国将全力保护奥地利的领土完整和主权独立，但许士尼格敏锐地发现，罗马的氛围与一年前已大不相同，墨索里尼满脑子想的都是"必须解决奥地利这个影响德奥两国进一步密切关系的麻烦"。许士尼格告诉墨索里尼，希特勒占领莱茵兰后虽然做出了"德国在西部边界不会对邻国发动进攻"的承诺，但这对地处德国东南一隅的奥地利没有意义。墨索里尼回答说，德奥两国之间需要一个协定。他暗示许士尼格，意大利将撤回对卫乡团的政治和经济支持，让许士尼格不再受施塔亨堡和卫乡团的掣肘，专心与德国谈判。许士尼格情知意大利倒向德国已不可挽回，今后只能自求多福。他决心向墨索里尼证明：意大利巩固德意友好关系，并不需要以牺牲奥地利为代价。

3月24日，许士尼格回到维也纳，立即准备动手清除卫乡团势力。4月1日，奥地利政府颁布义务兵役制，军队也成为"祖国阵线"的一个组成部分，这大大增强了许士尼格的实力。失去靠山的施塔亨堡情知斗不过许士尼格，不愿束手就范的他又像两年前对付费伊那样，抢先一步向德国投怀送抱。4月25日，施塔亨堡在向一群卫乡团头目训话时专拣希特勒爱听的讲，说什么西方民主国家无力阻止布尔什维主义的蔓延，他期待德国、意大利和奥地利三个专制国家建立"反布尔什维主义"共同战线。施塔亨堡还设法与戈林取得联系，想赶在许士尼格和德国政府谈判之前，先同这位实权人物会晤。

希特勒一直观察着许士尼格与施塔亨堡的斗争。5月11日，希特勒告诉巴本，他准备同一位奥地利领导人会晤，暗示要从两人当中二选一了。预感到希特勒不会挑选自己的施塔亨堡情急之下，只得苦苦乞求墨索里尼看在他多年来为之效力的份上，不要轻易抛弃他。但墨索里尼既然已经决定要把奥地利让给希特勒，当然不会再搭理施塔亨堡。14日，许士尼格下令撤掉施塔亨堡的副总理职务，同时解除了他在"祖国阵线"的领导权，施塔亨堡成了无职无权的光杆。随后许士尼格又将瓦尔德内格和其他几个出身卫乡团的内阁成员免职，自己兼任外交部长，并重新启用了布列什等人。接着，奥地利政府颁布命令，宣布卫乡团解散，原卫乡团全体成员均需要宣誓效忠许士尼格。当把所有权力都集中到手里后，许士尼格主动通知巴本，可以讨论"德奥和解的可能性"了。

巴本在处理德奥关系上很有一套，他最早向希特勒进言应正视奥地利的独立地位，给奥地利政府"安全感"。同时他告诫奥地利纳粹党，要与那些赞成德奥友好的基督教社会党成员搞好关系。当两国的隔阂逐渐消失后，合并就是水到渠成的事。希特勒基本同意巴本的看法，所以在1935年5月公开表示"德国从未有过干涉奥地利内部事务和强迫奥地利并入德国的意图"。在驻维也纳期间，巴本多次催促奥地利政府与德国政府通过正式谈判修复和稳定两国关系。1935年7月11日，他向奥地利政府递交了一份德奥两国谈判的详细草案。当时，许士尼格确实想与德国政府接触，但因遭到施塔亨堡的激烈反对而作罢。巴本等了两个月不见回复，于是又说他已经得到了希特勒的授意，有权代表德国政府与奥地利政府谈判。这次奥地利政府不能再装聋作哑了，三个星期后瓦尔德内格答复巴本，奥地利政府原则上同意草案的内容，但还没有决定在谈判中持何种立场。几天后意埃战争爆发，筹划中的谈判就搁浅了。

到了1936年夏天，形势已变得完全不同。意大利倒向了德国，英法仍然对奥地利不理不睬，周边邻国也各怀鬼胎。许士尼格唯有与德国谈判，尽一切可能延缓德国对奥地利的吞并。6月5日，许士尼格又一次赴意大利同墨索里尼会晤，向对方透露了近期将与德国政府开展谈判一事。墨索里尼这时还不愿意让奥地利彻底消失。他安慰许士尼格说，奥地利是个小国，无力反抗德国，选择对话是正确的；如果意大利与德国的关系融洽了，就能更好地帮助奥地利。从意大利回来后，许士尼格召见了巴本，向他提出了一些谈判的前提条件，其中最主要的就是德国要承认奥地利的独立地位，巴本一一点头认可。许士尼格还告诉巴本，未来将在奥地利政府中为"民族反对派"留出位置。所谓"民族反对派"，就是奥地利纳粹党以及其他一些政治倾向模糊、难以被奥地利政府和"祖国阵线"接纳的党派。由于在核心问题上达成了共识，谈判进展非常迅速。7月11日，许士尼格和巴本分别代表各自政府签署了协定。

这份德奥协定的主要内容有：德国政府重申尊重奥地利的主权和独立，不干涉奥地利内政，停止对奥地利政府的颠覆活动，解散"奥地利军团"，取消德国游客赴奥地利旅游需缴纳的1000马克签证费；奥地利政府同意奥地利纳粹党加入"祖国阵线"，允许流亡德国的奥地利纳粹分子回国，承认奥地利是一个德意志国家，保证在外交上按照"德意志国家"的原则行事。从字面上看，协定没有太多玄机，但关键之处在于其附带的秘密条款，包括奥地利在外交方面应接受德国的"指导"、停止反纳粹宣传、大赦纳粹分子等，这些后来都成了德国向奥地利渗透的"特洛伊木马"。

自1918年独立以来，奥地利并不否认自己的德意志属性，为何德奥协定中还一定要让奥地利强调这一点呢？因为希特勒清楚，奥地利政府和"祖国阵线"总是有意突出历史上奥地利在德意志各邦国中的领导地位和文化上的独特性，宣扬奥地利是一个比德国"更好的、更纯正的德意志国家"。陶尔斐斯曾说："我确信，在奥地利这块德意志的土地上，我们有责任按照真正的德意志模式重塑社会和经济生活，并为全体德意志人民做出榜样。"1934年1月22日，陶尔斐斯又在一次讲话中说道："我们是德意志民族特殊的组成部分，奥地利也对全体德意志人民负有特殊的使命。"陶尔斐斯和许士尼格还都宣称，这种"特殊的使命"只有奥地利保持独立地位时才能完成。希特勒迫使许士尼格声明奥地利是"德意志国家"，就是否认奥地利的"特殊性"，将其降格为一般的德意志国家，使奥地利无法再以此为借口抵制德奥合并；而德国却能以维护"全体德意志民族利益"为由，对奥地利横加干涉。

　　欧洲各国舆论对德奥协定的评价不一。英国《泰晤士报》《每日邮报》《每日新闻》之类报纸都持欢迎态度，认为协定有助于减轻英国对欧洲的义务；《晨邮报》等则认为协定是否奏效还有待时日观察。法国各家报纸几乎众口一词谴责这份协定，称此乃德奥两国变相合并，破坏了法国苦心维持的欧洲和平，同时还猛烈地抨击了极力促成协定的意大利。一些人疾呼法国应检讨自己的外交政策，尽快与英国等国合作，阻止德国下一步的行动。小协约国普遍感到惶恐不安，一份南斯拉夫报纸甚至把当前德意奥三国关系比作1914年以前的德、意、奥匈三国同盟。确实，德奥协定使德意与英法两大集团的对峙更为尖锐了。

　　就在德奥协定要签字之前，还发生了一个小插曲：仿佛如梦初醒一般的英法两国政府发觉奥地利即将被纳入德国的轨道，连忙劝说许士尼格放弃与德国订立协定的想法，但被已对英法心灰意冷的许士尼格拒绝了："国内外形势清楚地说明我们已无可期待。"

三、"只剩二十个月了"

德奥协定似乎让德意奥三方皆大欢喜：希特勒得到了一个重要盟国，墨索里尼甩掉了"包袱"奥地利，许士尼格暂时保住了国家的独立。协定签署次日，许士尼格向希特勒发去了电报，称他"坚信此协定不仅是两个德意志国家共同的幸事，更将使全体德意志民族受益匪浅"。许士尼格还致电墨索里尼表达了谢意。希特勒和墨索里尼也礼节性地回电，把许士尼格恭维一番。

德奥协定使德奥两国的紧张关系趋于缓和，短期内德奥合并的可能性也小了。但1936年8月墨索里尼曾在私下对人说，奥地利只剩20个月的时间了。他的预言十分准确——从1936年8月到1938年3月，恰好是20个月。

1936年7月，西班牙内战爆发。9月23日，希特勒派弗兰克为特使到罗马转告墨索里尼：德国支持西班牙佛朗哥独裁政权只是出于相同的意识形态，绝没有趁机染指地中海沿岸地区的意图。地中海依然是意大利享有特权的"意大利海"，波罗的海才是德国的"地中海"。弗兰克还说，奥地利问题已经在德奥协定中得到了解决，德国将恪守这一协定。10月21日，墨索里尼派6月接替自己出任外交大臣的齐亚诺访问柏林。在柏林期间，齐亚诺和牛赖特签署了一项德意两国今后将在奥地利、西班牙和多瑙河国家等问题上合作的协议。两天后，希特勒亲自在离德奥边境不远的德国小城贝希特斯加登接见了齐亚诺。除重复一通对西班牙内战的看法之外，希特勒闭口不提奥地利。不仅如此，他还当着齐亚诺的面，故作姿态地望着贝格霍夫别墅的窗外，以一种遗憾的语气说："我只能透过窗户眺望萨尔茨堡和我的德意志祖国。"

10月10日，许士尼格借着到布达佩斯参加匈牙利总统贡博什葬礼的间隙会见了戈林。戈林在德奥合并上比希特勒要急躁得多，多次叫嚷要意大利"把手从奥地利拿开"。他先是吓唬心情忐忑的许士尼格：如果德国想要合并奥地利，那么早就动手了，而且这点"小事"只需动用德军一个师就足够。然后戈林又一脸温和地说："总理先生，德国人和奥地利人都不需要意大利人。我们自己解决彼此之间存在的矛盾。"他还说，他更倾向于用"德奥团结"来替代德奥合并，尤其要促成两国货币和关税统一，一旦实现，德奥两国就可以无阻碍地开展深层次合作。戈林最后告诉许士尼格，他将帮助奥地利建立一支现代化空军，包括为奥地利提供600架飞机和无偿培训奥地利空军军官。

　　许士尼格不相信戈林半引诱半威胁的一番话。11月11日，《罗马议定书》成员国外交部长会议在维也纳召开。许士尼格把戈林的话如实告诉了齐亚诺，请求齐亚诺为奥地利提供一批军事装备。齐亚诺不但以西班牙内战正急需大批意大利军火加以拒绝，还反过来催促许士尼格承认佛朗哥政权并尽快退出国联，许士尼格当然不肯答应。怒气冲冲的齐亚诺在离开维也纳时，又意外发现民众对他的到访态度冷淡。他回忆说，人们只是静静地看着他，没有致敬，没有掌声，也没有欢呼声。生性敏感又受了冷遇的齐亚诺回去后倒打一耙，一口咬定许士尼格对意大利是不友好的。

　　许士尼格看出，德奥协定并不能保证奥地利的独立，下次德国再侵犯奥地利时，意大利也不会再像1934年7月那样做奥地利的后盾。既然意奥关系已经无法挽回，许士尼格只能硬撑着独自与德国周旋下去。11月19日，许士尼格派一贯亲德的奥地利外交部副部长吉多·施密特出访德国。在巴本等人的建议下，希特勒给予了施密特高规格的接待，并竭力表达善意。他告诉施密特，德国和意大利正努力扫清干扰中欧各国达成共识的障碍，让各国能够团结起来对付布尔什维主义的"威胁"。受宠若惊的施密特从德国归来后一个劲地炫耀他在柏林受到的礼遇和尊重。见希特勒没有提出什么非分要求，许士尼格紧绷的心情多少放松了一些。

11月下旬，德奥两国又签署了一份《德奥协定》的补充协议，其中涉及了许多具体事务，如两国进一步发展经贸关系、允许几百名奥地利流亡者回国、奥地利旅馆在哪些场合可以悬挂德国国旗等。但也是在这份补充协议中，奥地利同意在"未与德国协商之前，不会加入任何多瑙河地区的经济联盟"。奥地利的经济从此也牢牢地依附于德国了。

希特勒对奥地利的外部绞杀并未随着英法意三个大国疏离奥地利而结束，而是接着转向了匈牙利、保加利亚和小协约国。从1934年起，希特勒大量采购匈牙利和南斯拉夫的农产品，并挑唆匈牙利把索取领土的主要矛头由南斯拉夫转向捷克斯洛伐克，一举赢得了匈南两国的好感。对于罗马尼亚、保加利亚等国，希特勒也以贸易、援助和投资等各种经济手段大力笼络。而对国内德意志族人口最多、反对德奥合并最坚决的捷克斯洛伐克，希特勒授意汉莱因等人组织"苏台德德意志人党"，根据德国的指令不停地在苏台德地区挑起政治动乱，从内部撕裂捷克斯洛伐克社会。

1937年3月，意大利和南斯拉夫达成和解，两国自"一战"后敌对关系好转了许多。南斯拉夫判断，德奥合并是不可避免的，到那时德国的势力就会越过多瑙河，向亚得里亚海延伸。南斯拉夫首相兼外交大臣斯托贾迪诺维奇告诉来访的齐亚诺："奥地利无论从精神还是物质上看都无法生存。"回想起两个月前，戈林访问罗马时曾迫使墨索里尼答应意大利不同其他大国发展友好关系、保证"布伦纳山口"之类事件不再发生，而德国却只同意在采取任何可能改变奥地利现状的行动前与意大利保持"协商"，齐亚诺感到德国没把意大利当平等的伙伴，他不想让意大利在德奥合并问题上被希特勒牵着鼻子走，于是回答说愿意和南斯拉夫一起在东南欧遏制德国。

回到意大利后,齐亚诺曾担心希特勒会识破意大利和南斯拉夫的小心思,但希特勒不仅没有因为两国暗中勾结而愤怒,反而认为意南和解会更快地离间小协约国之间的关系,进一步压迫捷克斯洛伐克,因此并未阻拦。至此,奥地利的三个邻国——意大利、南斯拉夫、匈牙利已经先后被德国拉拢过去了,只剩下一个唇亡齿寒的捷克斯洛伐克。但许士尼格仍然说:"威权制的奥地利不可能与民主制的捷克斯洛伐克站到一起。"其中更深层的原因,还是两国难以厘清的民族和领土纠葛。

奥地利成了地道的孤家寡人。1937年4月22日,许士尼格对意大利进行国事访问。在威尼斯,墨索里尼以惋惜的口气告诉许士尼格,意大利干涉西班牙内战和放弃奥地利都是基于本国利益的需要,但意大利对奥地利的态度没有改变。墨索里尼说话时也许是带着几分诚意的,但许士尼格再也不会被这些空洞的辞藻打动了,他怏怏地踏上了返回维也纳的列车,结束了他任内最后一次对意大利的访问。

在国内,许士尼格的处境也越来越困难。卫乡团被平定后,"民族反对派"上升为许士尼格新的对手。按照德奥协定的规定,奥地利政府必须吸收一些"民族反对派"成员担任要职。许士尼格精心挑选了几个人,如任外交部副部长的吉多·施密特是自己的校友和好朋友,任不管部长的格莱泽-霍斯特瑙事先征得了副总理兼内政部长巴尔-巴伦斐尔斯等人的认可。但格莱泽-霍斯特瑙觉得不管部长权力太小,得寸进尺地向许士尼格索要内政部长的位子。

1936年11月3日,许士尼格解除了政府中仅剩的几名卫乡团成员的职务,清除了卫乡团最后一点势力。格莱泽-霍斯特瑙如愿当上了内政部长,另一名"民族反对派"人士纽斯塔特-斯图默被任命为安全部长。这样的人事安排招致了"祖国阵线"中原基督教社会党一派的忌恨,他们要求许士尼格必须保证他们在政府中的优势地位,并撇清与纳粹主义的关系。许士尼格不得不在11月26日专门发表讲话,声明"纳粹主义是我们的敌人,如何解决这一问题是奥地利的内政。"他还表示,反对纳粹主义不会影响德奥两国的友好关系。但德国外交部长牛赖特仍指示巴本就许士尼格的讲话内容提出异议。巴本质问许士尼格,奥地利如何能一边反对纳粹主义一边又与德国保持一致?许士尼格只得违心地收回了自己的话,并对巴本发牢骚说:"我知道维也纳的历史地位已经终结,现在德意志的使命已聚焦于柏林。"

对奥地利现状和德奥协定最不满的是奥地利纳粹党。1936年7月,奥地利政府宣布大赦,1.7万名纳粹分子被释放出狱,奥地利监狱里关押的纳粹分子只剩下了213人。但本想重新大干一场的奥地利纳粹党却发现,奥地利的政治气氛依旧对他们不利。许士尼格不仅没有被推翻,相反他的政府仍然稳稳地运转着,还同德国签署了协定,而奥地利纳粹党却被要求服从许士尼格。犹如挨了当头一棒,失望和愤怒的情绪迅速在奥地利纳粹党内蔓延。希特勒对奥地利纳粹党那点家底知道得一清二楚。他把莱纳等几名头目叫到德国,告诉他们德国当前的政策,命令奥地利纳粹党必须遵守纪律、等待时机。莱纳等人回去后马上传达了希特勒的指示。

但并不是所有的纳粹分子都买希特勒的账,野心勃勃的利奥波德就是其中之一。此人出身行伍,由于没能通过晋升军官的考试,一直是个军士。得益于漫长的服役期和在战争中的优异表现,他被授予荣誉上尉军衔。1925年,利奥波德因为加入奥地利纳粹党而被开除军籍。"七月政变"失败后他被逮捕,直到不久前才获释。此人作风强硬、树敌甚多,巴本就十分讨厌他。但利奥波德善于要弄权术,加上资格较老,出狱后很快成了奥地利纳粹党的主要头目之一。利奥波德不愿像莱纳等人那样唯希特勒马首是瞻,而是极力要保持奥地利纳粹党的独立性。他认为格莱泽－霍斯特瑙、纽斯塔特－斯图默这些人既无法代表"民族反对派",更不符合奥地利纳粹党的利益,提出应该由奥地利纳粹党充当"民族反对派"的核心,在不受德国干扰的情况下自行决定采用哪种形式同奥地利政府合作。经过一番激烈的争斗后,利奥波德冒着被开除出党的风险,解除了莱纳等人的职务。

与此同时,纽斯塔特－斯图默和德国驻奥地利大使馆参赞斯坦因也都在劝说许士尼格接受利奥波德领导的奥地利纳粹党。纽斯塔特－斯图默是想拉上奥地利纳粹党一起对抗"祖国阵线",斯坦因则不断在许士尼格面前吹嘘"奥地利真正有实力的民族反对派只有利奥波德领导的纳粹党,其他派别都只有将军而没有士兵"。斯坦因的做法与巴本不一致,但却得到了德国外交部的肯定。

在纽斯塔特－斯图默和利奥波德的策划下,奥地利纳粹党纠集各种"民族反对派"力量,成立了一个名为"德意志社会大众联盟"的组织,同时还任命了一个"七人委员会"负责制定"德意志社会大众联盟"章程,兼充当与许士尼格联络的专门机构。这七人中有三人是奥地利纳粹党成员,另有三人直接听命于纽斯塔特－斯图默和格莱泽－霍斯特瑙。

1937年2月8日,纽斯塔特－斯图默向许士尼格汇报了"德意志社会大众联盟"的成立情况。许士尼格听后非常惊愕,因为"祖国阵线"中有许多人正在向他呼吁禁止建立新的政治组织,防止"祖国阵线"又遇到一个劲敌。10日,正当利奥波德主持一个"民族反对派"集会时,警察突然赶到现场并逮捕了一批人。利奥波德马上打电话给纽斯塔特－斯图默,让他撤销命令,纽斯塔特－斯图默象征性地抗拒了一下就照办了。

2月11日，许士尼格接见了"七人委员会"中的三名代表，向他们提出一个折中方案，即"民族反对派"解散"德意志社会大众联盟"，加入"祖国阵线"；作为回报，许士尼格将逐渐清除政府中敌视"民族反对派"的人士。12日，许士尼格又会见了利奥波德。会谈结束后，利奥波德宣布接受折中方案，许士尼格则同意保护奥地利纳粹党，再释放145名纳粹分子。双方对这个结果都比较满意。然而没过多久奥地利纳粹党就发现，尽管许士尼格向他们承诺了不少东西，但奥地利政府却迟迟不予兑现，甚至没有一名纳粹分子能够进入政府。"祖国阵线"内部也不断向许士尼格施压，要求他不得再向奥地利纳粹党做出类似的妥协。3月20日，许士尼格解除了纽斯塔特-斯图默的职务，间接地敲打了一下利奥波德。

许士尼格和"祖国阵线"的主要领导人都认为，当前亟待物色一名既能够代表民族整体利益又非奥地利纳粹党出身的中间人物，利奥波德显然不适合。正在这时，"祖国阵线"秘书长泽纳特向许士尼格推荐了阿图尔·赛斯-英夸特。

赛斯-英夸特的经历与许士尼格相似，也是以律师身份转入政界的。除早年同陶尔斐斯有过一些交往之外，赛斯-英夸特在政治上并不活跃。他支持德奥合并，但看不起老派的德意志民族主义者，觉得他们已经过时，只有奥地利纳粹党才是唯一能够推动德奥合并成功的力量。不过，狡猾的赛斯-英夸特既没有加入奥地利纳粹党，也没有组建自己的政治派别。

1937年4月，在泽纳特的引荐下，赛斯-英夸特第一次登门拜访了许士尼格。早有准备的赛斯-英夸特向许士尼格大谈他的政治理想，说他渴望所有德意志人能够生活在一个统一的民族国家中，而奥地利将是这个国家里极其重要的一员。为了迎合许士尼格，赛斯-英夸特还含混地说，新的德意志民族国家应该是联邦制的，如有必要可以恢复君主制。尽管不完全认同这套说法，但许士尼格对赛斯－英夸特的印象颇佳。他早已厌倦了整日面对奥地利纳粹党、民族反对派和"七人委员会"无休止的纠缠，如果赛斯－英夸特能代替他承担起这份苦差事，岂不是很好？6月16日，许士尼格致信赛斯－英夸特，请他加入"祖国阵线"并进入咨政院工作，赛斯－英夸特立即接受了邀请。

许士尼格想让赛斯－英夸特以"民族反对派"代表的身份，协调政府与奥地利纳粹党的关系，最好能把后者纳入"祖国阵线"之中。赛斯－英夸特也深以为然，觉得这个重任只有自己才能担当。6月23日，赛斯－英夸特找利奥波德谈了一次，利奥波德却说双方合作的前提是赛斯－英夸特要充当奥地利纳粹党利益的代言人，并且听他的指挥。两人的想法南辕北辙，谈不到一块，最后不欢而散。赛斯－英夸特又联络了奥地利纳粹党内一些反对利奥波德的人士，但收效不大。于是他决定到德国寻求支持。

7月初，在征得许士尼格同意后，赛斯－英夸特去了趟柏林，并见到了赫斯。后者鼓励赛斯－英夸特按自己的意愿从事。赫斯还说，他很遗憾赛斯－英夸特不是一位老派的斗士。赛斯－英夸特始终没弄懂赫斯这句话是不是在批评他。随后赛斯－英夸特又同戈林谈了一次，但他敏锐地感觉到，戈林明显更器重利奥波德。

利奥波德不能容忍赛斯－英夸特的拆台行为。他认为，赛斯－英夸特已经是奥地利纳粹党的敌人，只要他还控制着党的组织，就决不会让奥地利纳粹党与政府和解。7月中旬的一天，利奥波德突然指使一大群党徒闯入正在召开的德奥退役军人大会现场，高唱《德意志高于一切》并大声宣传奥地利纳粹党的政治主张，令在场的奥地利政府官员面面相觑。本来要发表一篇演讲的巴本见势不妙急忙溜之大吉，后来还是警察赶到才把这些人强行驱散。事后利奥波德免不了又向希特勒邀功一番。

7月5日，在许士尼格的建议下，一个德国代表团抵达维也纳。许士尼格希望能和代表团讨论德奥协定的实施情况，进一步推动德奥关系正常化，但代表团总是与许士尼格、施密特和泽纳特等人在诸如"《我的奋斗》能否在奥地利出版"一类琐碎的小事上纠缠，事关德奥关系的重大议题则基本没有涉及。12日代表团启程返回德国，一个名叫威廉·凯普勒的代表团成员留在了维也纳。此人是希特勒的亲信和经济顾问，还是党卫军的一名地区总队长。希特勒委任他为德国纳粹党的奥地利事务专员，公开身份是德国驻奥地利大使馆秘书。

凯普勒到任后首先试图化解利奥波德与赛斯-英夸特的矛盾。8月7日，凯普勒在萨尔茨堡会见了利奥波德。这次见面的气氛很不友好，利奥波德一上来就不客气地对凯普勒说："希特勒派你来奥地利，不表示你就能向我和奥地利纳粹党发号施令。"他还斥责凯普勒不了解奥地利的实际情况，并说他本人受够了德奥协定的束缚，但也只有他才能让奥地利纳粹党乖乖遵守这个协定。他还放话称，不会听从凯普勒的任何命令。13日，在凯普勒、利奥波德和赛斯-英夸特的三人会议中，利奥波德又故态复萌，堵死了任何和解的可能性。他还下令严禁奥地利纳粹党成员与凯普勒和赛斯-英夸特来往，并且把党内的温和派莱因塔特等人免了职。

政治头脑迟钝的利奥波德以一种不可思议的愚蠢行为把自己逼到了绝地。巴本早就恨透了他，凯普勒又被他亲手推到了赛斯-英夸特一边，捎带还得罪了与凯普勒关系密切的德国党卫队头子希姆莱。后知后觉的利奥波德也感到不妙，赶忙给希特勒去信求援，但迟迟得不到回复。9月底，利奥波德索性跑到柏林，想直接面见希特勒，不巧正遇到墨索里尼访问德国。希特勒不想这个时候节外生枝。加上凯普勒一再劝阻，本就不喜欢利奥波德的希特勒拒绝见他，就连一向袒护利奥波德的戈林这次也无能为力。

垂头丧气打道回府的利奥波德明白，自己靠边站了。

10月，赛斯-英夸特以胜利者的姿态再赴柏林，这次他得到了赫斯和戈林等人的交口称赞。返回维也纳后，赛斯-英夸特命令"祖国阵线"不得与奥地利纳粹党达成任何协定。虽然赛斯-英夸特达到了报复利奥波德的目的，却也使"民族反对派"逐步转到了许士尼格的对立面，违背了许士尼格起用他的初衷。

现在许士尼格更加尴尬了，他既要应付复杂的国内政局，同时还得面对希特勒的不断进逼。德国方面以履行德奥协定为由，要求许士尼格尽快同意加强军事交流、建立关税同盟等。许士尼格不愿从命，但又不敢抗拒，唯有采取拖延办法。但岌岌可危的形势已经无法再给许士尼格任何回旋的余地了。

四、"愿上帝保佑奥地利"

1937年11月5日，希特勒召集德国三军首脑和外交部长举行秘密会议。会后根据希特勒的讲话，副官霍斯巴赫上校整理出一份完整阐述德国未来侵略计划的会议记录，这就是著名的《霍斯巴赫备忘录》。希特勒在备忘录中指出，德国要在奥地利问题上"见机行事"，意味着他把合并奥地利提上了日程。12月底，巴本向希特勒汇报说，孤立奥地利的目标已经达到，是时候与奥地利政府展开谈判了。于是希特勒宣布将在1938年1月底同许士尼格会晤。1月7日，巴本把希特勒的决定告知了许士尼格和施密特等人。许士尼格唯恐触怒希特勒，只得表示同意。

1938年初的奥地利更不太平。先是1月12日意奥匈三国在布达佩斯会议上因为分歧严重，致使《罗马议定书》名存实亡，奥地利与意大利仅存的一点联系也被斩断了。1月25日，奥地利警方又破获了一起奥地利纳粹党的阴谋活动，大量缴获的文件表明，奥地利纳粹党计划于1938年秋季发动政变。主使政变的奥地利纳粹党头目与赫斯有密切联系，希特勒本人是否知情尚不得而知。披露出的政变细节令人瞠目结舌，自感遭到希特勒冷遇又被赛斯－英夸特摆了一道的奥地利纳粹党想要集中所有力量，挑起与奥地利政府的全面对抗，以为只有这样才能重新引起希特勒的注意和介入。为了达到目的，奥地利纳粹党竟然不择手段，想出了派遣党徒冒充"祖国阵线"成员去袭击德国驻奥地利大使馆的招数。看到这些政变材料后，许士尼格非常震惊，立即召集赛斯－英夸特、格莱泽－霍斯特瑙等人开会商讨对策。会后，许士尼格下令逮捕了利奥波德，不过由于没有直接的证据能够证实利奥波德参与其中，次日他就被释放了。也许是为了让希特勒与许士尼格会面时能有个好气氛，两国都默契地没有过多宣传此事。但经过这一番折腾，再加上希特勒正忙于废黜不听话的国防部长勃洛姆堡，许士尼格终究还是没能在1月底见到希特勒。

2月4日，巴本在毫无预兆的情况下突然被解除了驻奥地利大使的职务。第二天，惴惴不安的巴本到贝希特斯加登面见希特勒。由于最近国内事务繁忙，希特勒对巴本的到来显得心不在焉，而且似乎把要同许士尼格会谈一事忘记了。但当巴本把奥地利和赛斯－英夸特等人的近况向希特勒做了说明之后，希特勒一下子来了精神。他让巴本立刻返回维也纳，重新落实会谈的细节。

许士尼格请巴本向希特勒转达他的要求，即德国应遵守德奥协定、尊重奥地利的独立等。巴本赶紧跑回希特勒处请示，并设法征得了希特勒的许可。会谈时间确定在1938年2月12日上午，地点是贝希特斯加登。

2月11日下午，许士尼格率领奥地利代表团赶赴贝希特斯加登。就在登车前几小时，他仍在同赛斯－英夸特谈话，讨论"民族反对派"与"祖国阵线"的合作事宜。许士尼格还告诉赛斯－

英夸特，等平息了奥地利纳粹党的寻衅、稳定了局面之后，将在政府中给他留出一个重要的部长职位，但赛斯－英夸特已志不在此，也不愿再等下去，如今他更看重的是希特勒的垂青。因此，赛斯－英夸特不仅将许士尼格同他谈话的内容都一五一十汇报给了希特勒，还在当天晚上把莱纳等人叫到办公室，告诉他们许士尼格已经同意从贝希特斯加登归来后就任命他为部长，希望奥地利纳粹党对利奥波德展开清算，今后听从他的统一指挥。

2月12日一早，许士尼格一行到达贝希特斯加登，打前站迎接的又是巴本。路上，许士尼格得知了赛斯－英夸特在维也纳的举动，心情更加沉重，但这时的他已经没有退路，只能迎难而上了。希特勒在私人别墅前欢迎奥地利代表团的到来。令许士尼格不安的是，希特勒的陪同人员中有三名德军高级将领，其中一位还是驻德国巴伐利亚与奥地利边境军队指挥官冯·莱希瑙。巴本请许士尼格放心，说希特勒今天的情绪颇佳，但许士尼格还是不由得越来越紧张。

上午的会谈刚一开始，没有任何寒暄，希特勒就爆发了。他不顾起码的外交礼仪，对许士尼格极尽侮辱谩骂之能事，而后者基本没有机会开口讲话或辩白。希特勒说，奥地利在德意志历史上所做的"就是一种不断的叛逆卖国行为，过去如此，现在也没有好一些"，他要"设法解决奥地利问题，不管用什么方法"。当许士尼格申辩说"奥地利在历史上的贡献相当大"时，希特勒立即驳斥"完全等于零"，然后把奥地利从哈布斯堡王朝到天主教骂了个遍。希特勒又威胁许士尼格，德国是一个大国，如果它想解决边界问题，没有谁敢出来反对。他还嘲弄地告诉许士尼格，不要指望意大利、英国或是法国能帮助奥地利。

下午，一周前刚接替牛赖特的德国新任外交部长里宾特洛甫代表希特勒向许士尼格递交了一份协定草案，内容包括释放所有在押的奥地利纳粹党成员、任命赛斯－英夸特为内政和安全部长、任命格莱泽－霍斯特瑙为国防部长、德奥两国军队建立更紧密的联系、奥地利经济纳入德国经济体系等一系列苛刻条件。许士尼格知道，签字就等于亲手终结奥地利的独立，他无法吞下这枚苦果。这时又是巴本出来打圆场，他先假惺惺地表示对草案内容感到"意外"，然后劝许士尼格接受协定，并且拍胸脯说希特勒一定会遵守这个协定，不再给奥地利找麻烦。许士尼格动摇了，但他仍然强打精神，在最后一次会见希特勒时推诿说他可以签字，但根据法律，协定生效还须奥地利总统的批准，而他不能担保总统一定会接受。希特勒根本不听许士尼格的解释，咆哮着要把许士尼格等人逮捕起来。已成惊弓之鸟的许士尼格屈服了，他颤抖着手在草案上签下了自己的名字。在婉拒了希特勒共进晚餐的邀请后，当晚许士尼格就匆匆赶回了维也纳。

　　希特勒给了许士尼格六天时间，也就是在2月18日前履行协定。奥地利总统米克拉斯虽心有不甘，但在许士尼格的陈述和德国的军事威胁面前也无可奈何，协定被原封不动地全盘接受。如愿获得重要任命的赛斯－英夸特第二天就去柏林拜见了希特勒。2月20日，希特勒在德国国会发表演说，称将"不再容忍1000万生活在德国国界之外的德意志人遭受压迫"。24日，许士尼格在奥地利议会反击了希特勒的叫嚣，表示奥地利绝不放弃独立。两次针锋相对的演说在奥地利激起了强烈震荡。奥地利纳粹党充分利用刚获得的自由，大肆制造混乱，一些地方的纳粹分子急不可耐地扯掉奥地利国旗，换上第三帝国的卍字旗，而赛斯－英夸特掌管下的警察却不加阻拦。相应地，奥地利各地也出现了不少反纳粹示威游行。

　　生死存亡的时刻到了，许士尼格决心为奥地利的独立拼到最后一刻。1938年3月3日，他联系了早已被镇压的社会民主党，希望后者能不计前嫌，与"祖国阵线"一起为保卫奥地利并肩奋斗。另一个出乎意料的举动发生在 3 月 9 日。当天，许士尼格在因斯布鲁克宣布，奥地利政府将于 3 月 13 日就是否赞成奥地利独立举行一次全民投票。这是许士尼格在 4 日的一次内阁会议上做出的决定，并得到了米克拉斯总统的许可。虽然许士尼格对投票结果抱有很大期待，但就当时形势而言，投票并没有什么实际意义。它既不能为奥地利带来国际上的关注和支援，也不能对国内民众起到鼓舞和动员作用，最多只是显示一下奥地利政府维护国家独立的决心而已。

考虑到纳粹主义在奥地利年轻人中的支持率较高，负责投票事宜的委员会将投票人的年龄下限临时提高到了 24 岁。但由于行事仓促，奥地利又已经有八年没有举行过全国选举，短短四天甚至连登记具备投票资格的人数都来不及，加上委员会成员又全部来自"祖国阵线"，这些都有违奥地利宪法的规定。德国方面抓住投票环节中的漏洞，大肆抨击许士尼格。正愁找不到借口生事的希特勒勃然大怒，立即召集戈林、冯·莱希瑙等人制订报复奥地利的计划，连格莱泽-霍斯特瑙也被火速从维也纳叫来参会。3 月 10 日，希特勒一面电告奥地利纳粹党各头目，他将赋予奥地利纳粹党"完全的行动自由"，支持他们接下来要做的一切事情；另一面去信给赛斯-英夸特，命令他一定要设法让许士尼格推迟投票时间，以便能安排奥地利纳粹党参加投票。希特勒还在信中指示赛斯-英夸特，如果许士尼格不肯就范，他可以向希特勒发求援电报，请德国出兵干涉。

11 日上午，赛斯-英夸特把消息向许士尼格做了转达，并说希特勒给出的最后答复期限是当天下午 2 点。深感问题严重的许士尼格连忙召开内阁会议，经过几小时的紧急磋商，最终决定取消这次全民投票。随后，许士尼格将会议结果第一时间通知了赛斯-英夸特，但当传声筒一样的赛斯-英夸特忙不迭地打电话向柏林汇报时，希特勒的价码却抬高了。他要求许士尼格除了取消全民投票外还必须下台，由赛斯-英夸特接任总理。同时，希特勒下令德军做好进军奥地利"平定叛乱"的准备。许士尼格眼看事态超出了自己的控制能力，只得在下午4点公开声明取消投票，同时向米克拉斯总统递交了辞呈。

当晚7点45分，许士尼格在电台发表告别讲话。他以极其沉痛的语气说道：

"我必须向我的奥地利同胞详细说明当前的纷乱状况。我要告诉全世界的是，德国政府今天向米克拉斯总统发出了附带期限的最后通牒，要求他提名一位德国政府指定的人士担任奥地利总理，并组建一个令德国政府满意的新政府，否则德国将出兵进占奥地利。我必须要在全世界面前澄清，德国方面散布的有关奥地利政府对工人制造的混乱和流血冲突失去了控制的报道是彻头彻尾的谎言。总统请我告知奥地利人民，我们已经决定屈服于武力。因为即使在这样的严峻形势面前，我们也没有做好流血的准备。我已下令军队放弃一切抵抗……我向奥地利人民告别了，让我用德语从心底说一句'再见'吧！愿上帝保佑奥地利！"

米克拉斯总统在违心地任命赛斯-英夸特为总理之后也丧失了权力。赛斯-英夸特、格莱泽-霍斯特瑙等人成了奥地利政府的新主人。希特勒起初认为，全民投票取消了，"德奥一体化"的目标也已经实现，加上多少要顾及一点墨索里尼的感受，因此一度犹豫军事行动是否有必要继续，但经戈林等人的一再撺掇，希特勒很快就改变了主意。他在赛斯-英夸特还没有来得及向德国发出一封求援电报的情况下，就给驻德奥边境的德军下达了12日早晨向奥地利开进的命令。

德军入侵奥地利的准备工作做得很差劲，动员命令也下达得十分匆忙,但进入奥地利境内后,德军不仅没有遇到任何抵抗,相反还受到了沿途奥地利人的夹道欢迎。原因正如亨利·基辛格在《大外交》一书中分析的那样:"大家似乎都觉得,失去往日帝国、留在中欧孤立无援的奥地利,与其做个中欧小国,不如成为德国的一省。"奥地利经济自独立后一直疲软,1929年的世界经济危机更令其雪上加霜,失业率居高不下,普通人在贫困线上艰难挣扎。美国著名记者威廉·夏伊勒在1937年12月25日,也就是德奥合并前三个月的日记中记载道:"维也纳比我们1929—1932年来时更为贫穷和令人绝望。工人们表情阴郁,甚至有工作的人也是如此。街上到处都是乞丐。……贫富悬殊。"穷困不仅造成社会动荡,而且导致民众尤其是年轻人对国家失去信心。一种"《圣日耳曼条约》已被证明无法解决奥地利的痼疾,纳粹主义比许士尼格的政策更理想"的观点不断在蔓延,所谓"更好的德意志国家"一说早就没有了市场。当时有人评论说,大批赴奥地利的德国游客虽然并不都是纳粹分子,但却产生了一种对奥地利的不利影响,"如果德国媒体是用文字和图片向奥地利这个在经济危机中苦苦挣扎的国家炫耀德国成功之处的话,那么德国游客就是用他们的汽车为卐字标志做广告。试想,有几个奥地利人能拥有私家车并能到国外享受假期?"许多奥地利人,尤其是社会中下层民众对德国人的富裕日子羡慕不已,这比戈培尔的宣传机器还要有效。

1938年3月12日,德军不发一枪一弹占领奥地利全境。第二天——也就是许士尼格原定举行全民投票的这一天,赛斯-英夸特在同意奥地利与德国合并的文件上签字并亲手交给了希特勒,这也是他三天总理任期的唯一一桩使命。同一天,德国公布《关于奥地利和德国重新统一法》,由希特勒签字生效。根据这项法律,奥地利被正式并入了纳粹德国,近700万奥地利人变成了德国人。奥地利政府自 1933 年以来抵制德奥合并的努力至此完全失败了。墨索里尼在 3 月 11 日晚上就通知希特勒，奥地利对他来说是"无关紧要"的，令希特勒大喜过望。英法美等几个西方大国对奥地利的命运漠不关心，在发出几句无关大局的"关切"和"抗议"之类外交辞令后，就关闭了各自驻奥地利的大使馆。只有苏联对德奥合并予以了谴责，提醒各国警惕纳粹德国的侵略行径。茨威格愤怒地说："1938 年 3 月 13 日爆发了惨无人道的事件，那一天，奥地利以及欧洲都成了赤裸裸的暴力的战利品！"

希特勒偷换了"德奥合并"的内涵，用"统一"的字眼糊弄了奥地利人。戈林吹捧希特勒说："俾斯麦未竟的伟业，今天由元首完成了。"但 1938 年 5 月 7 日希特勒出访意大利时，除感谢墨索里尼之外，还亲口承认了 1918 年被意大利侵占的奥地利南蒂罗尔地区归意大利所有。南蒂罗尔的丧失是奥地利人心中永远抹不去的痛。希特勒不打算为奥地利从盟友意大利手中要回这块面积达 7000 多平方公里、自 14 世纪就是奥地利领土的战略要地，却胡扯什么"不允许以仅仅 25 万德意志人的重新归复来危害对解救整个德意志民族关系重大的与意大利的同盟"，"上帝和历史已经为我们两个民族清楚地划定了天然边界"，还说他必须首先考虑整个民族的利益，而不能管"个别人"的遭遇有多么悲惨。这就戳穿了他追求"德意志民族统一"的骗局。

最后交代一下奥地利几个主要政治人物的结局：

许士尼格辞职后即被软禁，后被送往集中营。七年牢狱之灾使许士尼格身心饱受侮辱和摧残，几度险遭不测。1945 年 5 月，许士尼格全家被美军解救。"二战"结束后，许士尼格移居美国，以教书为业。晚年他重回祖国奥地利，1977 年病逝于因斯布鲁克。

施塔亨堡曾想当奥地利的"墨索里尼"，因此不愿见到奥地利灭亡。1938 年 3 月以后他逃到了瑞士。"二战"期间，施塔亨堡曾在英国和自由法国空军中服役过一段日子。1942年他去了阿根廷，1955年回到奥地利，并于次年去世。

费伊因在"七月政变"中的不光彩举动而声名大损，不久就淡出了政坛。虽然曾与奥地利纳粹党有过勾结，但费伊却一直反对德奥合并。1938年3月16日，也就是德奥合并后第三天，费伊以自杀的方式结束了一生。

赛斯－英夸特在德奥合并当天加入了奥地利纳粹党。他本来不赞成德国直接占领奥地利，但未能说服希特勒。战争爆发后赛斯－英夸特官运亨通，一路升任波兰副总督、荷兰总督等职务。他也是希特勒政治遗嘱中"钦点"的第三帝国外交部长（实际未能上任）。"二战"后他被逮捕，因在战争中犯下的累累罪行被处以绞刑。赛斯－英夸特也是奥地利籍纳粹战犯中等级最高的一个。

第七章
消失的七年
（1938—1945 年）

一、昙花一现的繁荣

1938年3月15日中午，希特勒出现在维也纳著名的英雄广场，向聚集在广场上的几十万亢奋的奥地利人宣布"我的故乡回归德意志国家"，"从现在起，德意志最古老的东部边区将成为德意志民族和德意志国家最年轻的堡垒"。听众不断对希特勒夸张煽情的讲话报以长时间的热烈欢呼和掌声，场面如同回到了1919年奥地利人高呼德奥合并口号的时候。在林茨、格拉茨，凡希特勒所到之处，全是类似的情景。

4月10日，奥地利就是否赞成德奥合并举行全民投票，这是对一个月前许士尼格那场流产的全民投票的回应。结果并不令人意外，支持"德奥重新统一"的比例高达99.73%，比同时德国投出的99.08%还要高。希特勒在德奥合并后的四个星期里一直在德国和奥地利各地巡游，鼓动民众为德奥合并投赞成票。直到投票前夕的4月9日晚上，希特勒还在维也纳的一座车站发表演说："我现在要感谢上帝，他让我回到我的祖国，使我有机会将它带回德国。愿明天每一个德国人都能认识到这一时刻，明白它的重要性，并谦卑地在过去几周给我们带来奇迹的上帝面前低头。"

德国驻维也纳当局肯定也对投票者施加了干预。几乎每个投票站都有穿制服的人员把守，投票者受到了严密监视，一些人不得不在露天场所投票。但即使如此，投票结果仍能够真实地反映出奥地利民众对德奥合并的认可程度。不光奥地利天主教会号召民众投赞成票，就连卡尔·伦纳这样重量级的奥地利前领导人也在4月3日出版的《新维也纳日报》上发表文章支持德奥合并，说这是对《圣日耳曼条约》《凡尔赛和约》以及1918—1919年奥地利遭受的耻辱做出的"切实补偿"。很多奥地利人不见得对希特勒有好感，但却是泛德意志主义的坚定拥护者。与其说这些人是支持纳粹主义，倒不如说是更认同德奥合并的理念。因此，德国方面接管奥地利的过程相当平稳。维也纳和其他地方虽有2万余人因参与抗议活动遭逮捕，不过大部分在几周后就被释放了。5月24日，按照希特勒的命令，原奥地利被划分为七个新的"高"（即省），"奥地利"也被"东部马克"①的新称呼所取代，1942年又改为"阿尔卑斯和多瑙行政区"。奥地利的名字消失了，要到整整七年以后才能重见天日。

德奥合并后发行的宣传邮票。邮票四周环绕的文字依次是"德意志国，一个民族，一个国家，一个元首，1938年4月10日"

德奥合并后，"祖国阵线"停止了活动，奥地利纳粹党则急剧膨胀。1938年3月德奥合并前夕，奥地利纳粹党已有12.7万名党员。一年后的1939年3月，党员人数达到22.1万，几乎涨了一倍。到1943年，这个数字又上升到了69.3万。

但不少奥地利纳粹分子在德奥合并后很快就失望了，因为他

---

① 东部马克：即东部边区。

们发现自己没有捞到预想中的好处。奥地利最高行政长官先是由德国人约瑟夫·毕克尔担任，后来又换成了冯·希拉赫。以这二人为首，德国人占据了奥地利各部门绝大多数的要职，而赛斯－英夸特、格莱泽－霍斯特瑙等本地人则被调往荷兰、克罗地亚等地任职。德国方面甚至还规定，奥地利纳粹党党员的入党日期只能从1938年5月1日起计算，之前的党龄一律不被承认。这让那些曾经替希特勒冲锋陷阵、与奥地利政府和"祖国阵线"对抗多年的老牌奥地利纳粹分子感觉受到了愚弄，他们以拒绝领取新党证的方式表示抗议，上演了一出闹剧。

一些学者认为，1918—1938年的奥地利是个"念念不忘过去的国家"。许多奥地利人将希特勒的第三帝国错当成了从前的奥匈帝国。1938年9月，臭名昭著的《慕尼黑协定》签订，德国兵不血刃地吞并了居住着350万德意志族的苏台德地区，捷克斯洛伐克20年来的噩梦变成了现实。"帝国德意志人""东部边区人"和"苏台德德意志人"终于聚到了一起。奥地利人觉得，这印证了他们又重新生活在了往日帝国中，德意志民族主义情绪再次膨胀起来。伦纳就替德国吹嘘："凭着德国领导人无与伦比的精神和毅力，再加上英国明智和富有远见的治国之道、法国具有牺牲精神的自制力、捷克斯洛伐克勇敢的退却和意大利在谈判中的助力，可以说，无须承受战争及其造成的损失，苏台德问题在一夜之间就完全解决了。"他还说，《慕尼黑协定》"终结了一段痛苦的历史……西方大国（指英、法、德、意）的共治代替了国联"。

除了精神上的满足感之外，奥地利人还从德奥合并中获得了极大的经济利益。据统计，1932年奥地利的失业率达15.4%，到1933年升至21.4%。1938年初，奥地利竟有44.5%的工人失业，其中尤以建筑业、采矿业、铸造业等体力劳动行业为甚，就连一些熟练工人也不能幸免。即使侥幸保住工作的工人，收入也下降了一半，连购买全家必需的食品都不够。至于刚从学校毕业的学生，只有不到20%能找到谋生的差事。维也纳当局成立后，立即着手恢复奥地利经济的活力。1938年3月26日，德国的《国家劳动法》在奥地利生效，确保了奥地利工人的基本权益不受侵犯。自俾斯麦时代起就已经比较成熟的社会保障体系也覆盖到了奥地利，使大约20万赤贫者得到了急需的公共救济。维也纳当局还将德国马克与奥地利先令的兑换比率定为1∶1.5，高于德意志银行最初给出的1∶2的兑换比率，等于为普通奥地利人手中的货币升了值。新任维也纳市长赫尔曼·纽巴赫重新雇用了几千名因参与1934年2月"奥地利内战"而遭政府解雇的前社会民主党成员，并高调许诺他将在一周内拿出1.8万个工作岗位。

更多就业机会来自德国。自希特勒上台以来，为满足发动侵略战争的需要，德国投入巨额资金和大量人力用于军备和基础设施建设，国内失业人口快速减少。到1936年，适龄的德国人差不多全部实现了就业，一些工种还出现了劳动力供不应求的现象，而奥地利正好有大批剩余劳动力可作补充。德奥刚刚合并，德国就从奥地利雇用了10万名熟练工人。奥地利地处德国以东，在当时英法等国的远程轰炸机航程之外，于是德国又在奥地利兴建了众多的军事设施，这些设施基本都由奥地利企业负责建造。德国还斥资6000万马克，用于整顿奥地利的工业和采矿业。以往因资金短缺无法开工的水电、桥梁、公路、铁路等工程，也陆续得以重启。奥地利的工业体系日趋完善，西部地区的工业化程度也提高了。德国控制了捷克斯洛伐克、匈牙利等国以后，奥地利昔日的经济腹地重新连成了一片。多方因素的共同作用，使奥地利的失业问题迅速缓解。

1938年1—11月，奥地利的就业人数从150万增长到210万，同期失业人数从40万下降到10万。其中，维也纳的失业者从

18.3万降至7.4万，上奥地利从3.7万降至不到0.3万，福拉尔贝格、萨尔茨堡等地的失业现象竟然绝迹。到1938年底，奥地利的就业岗位比年初增加了27%。1939年德国入侵波兰前的8个月，奥地利又新添了14.7万个就业岗位。1939年，奥地利全境的失业率仅为3.2%，1940年更降到1.2%。到1941年1月，奥地利登记的失业人口仅有4291人，更有一批奥地利人发了横财。尽管经济的繁荣带动了物价上涨，但各行业从业者的工资都有不同程度的涨幅，实际收入仍有所提高。这为希特勒和维也纳当局赢得了不少来自工人阶层的支持。

　　经济领域的变化引起了社会变革。维也纳当局的用工需求将大量农村劳动者吸引到了城镇和工厂，使奥地利逐步远离了封建化的"乡村"时代，变得"现代化"起来。维也纳成为德国治下仅次于柏林的第二大城市，生活成本甚至超越了后者。维也纳当局还竭力粉饰太平，如创办一年一度的维也纳新年音乐会、赞助萨尔茨堡艺术节、兴建格拉茨大剧院等。在奥地利具有强大影响力的天主教会势力也被削弱了。作为纳粹主义在意识形态上的对手之一，天主教一直为希特勒所敌视，德奥合并后，天主教会为免遭取缔而选择了屈服，但维也纳当局仍然执行了严厉的去宗教化政策。1938年7月12日，希特勒废除了奥地利同罗马教皇签订的条约，次年又出台了教会税法，天主教会的活动受到极大限制，教会开设的私立学校不是关停，就是被改为国家政治教育机构。很多教徒与教会脱离了联系，教会对普通奥地利人不合时宜的控制大大减轻。

　　当然，维也纳当局煞费苦心地经营奥地利，绝不是为奥地利的平民百姓谋福祉，而是紧紧围绕着侵略战争这个出发点。奥地利能够为德国的军事经济供应铜、铁、铅、锌、镁、石墨、木材、水电、牛奶、黄油和奶酪等重要物资，大批高素质的奥地利技术工人服务于军工生产领域。奥地利国家银行价值27亿先令的黄金和外汇储备在德奥合并的第四天就被运到了柏林，奥地利的国有资产也都成了德国的资产。在奥地利企业中，德国持股份额由9%跃升至57%，这种现象在银行业、电气工业、采矿冶金工业与化学工业领域比比皆是。

奥地利军队也没有解散，它们大部分被编入了德军序列。1938年时的奥军总兵力约5万人，虽然突破了《圣日耳曼条约》的限制，但训练不足、编制不合理、武器装备老旧。德奥合并后，德军在奥地利境内设立了第17和第18军区，对留用的奥军做了大刀阔斧的整改，使其战斗力显著提高。这些由原奥军组建的德军部队后来参加了第二次世界大战中许多著名的战役。

得到奥地利还使德国在东南方向占据了有利的地理位置，令捷克斯洛伐克、匈牙利等国面临的压力陡增。希特勒得意地说："与奥地利合并……不仅实现了一个长期以来的民族目标，而且肯定地改善了我们的战略地位，从而有助于加强我们的军事力量。"奥地利自此被德国拖入了侵略战争的深渊。

二、卷入第二次世界大战

1939年9月1日，德国以优势兵力闪击波兰，第二次世界大战全面爆发。奥地利人从广播和报纸里得知了开战的消息。在维也纳，大批人聚集在圣斯蒂芬大教堂前，集体收听希特勒的讲话，一些距离大喇叭较近的人在德国国歌奏响时举手行礼。大部分奥地利人并不清楚德国发动战争的原因，但他们很快听信了"这是一场英国强加给我们的战争"之类的宣传，开始祈祷战争的时间不会太久。

几天后，德军取得的惊人战果渐渐驱散了奥地利人对战争的恐惧。9月底，奥地利各地纷纷向维也纳当局报告说，波兰战役的结果令奥地利民众"松了一口气"，他们的"自信"和"热情"随着德军的节节胜利而不断攀升，对希特勒的信任感也在不断增强。由于推行绥靖政策的英法两国按兵不动，致使西线战场经历了大半年之久的"静坐战争"。这期间奥地利人和德国人一样，相信希特勒才是真正为争取和平而努力的领袖人物。

1940年春季，德军横扫西欧，除了孤悬大海的英国和少数几个中立国外，包括法国在内的各国先后沦陷。在几次德军发起的战役中，也有奥地利籍官兵的身影出现。1940年4月，由原奥地利最精锐的山地部队扩编的德军第2和第3山地师参加了挪威战役。事后，这些"来自克恩滕和施泰尔马克的小伙子们"得到了战役指挥官、德军名将爱德华·迪特尔的盛赞，立刻成为奥地利人心中的骄傲。当西欧各国先后向德国投降时，德军"战无不胜"的神话传遍了奥地利。许多参加过第一次世界大战的奥地利老兵回忆起了20多年前德意志帝国和奥匈帝国军队并肩作战的经历，他们很自然地将这次战争看作是上次大战的延续，而且坚信这一次的德意志战争机器更加强大。

整个第二次世界大战期间究竟有多少奥地利人曾在德军中服役？比较可靠的统计数字是125万至130万，其中包括战后当过奥地利总统和联合国第四任秘书长的库尔特·瓦尔德海姆。有24.7万奥地利人在大战中阵亡，17万人负伤，还有35万至50万人成为战俘。以奥地利的人口数量来说，这个占比已经相当高了。它再清楚不过地揭示了奥地利参与德国侵略战争的程度。

战争开始不久，奥地利经济的畸形繁荣就被打破了。1939年9月，《战时经济法令》在奥地利实施。根据这项法令，加班费、奖金和法定假期统统被取消，奥地利工人与德国工人的收入差距进一步拉大。风声一出，工人阶层大为不满，抗议声一浪高过一浪。奥地利行政长官毕克尔连忙给希特勒去信，请求取消该法令。希特勒是否收到这封信不得而知，但奥地利各地的怠工、旷工现象激增却是不争的事实。11月10日，维也纳当局只得下令部分恢复了奥地利工人的奖金和假期。祸不单行的是，德国发生的煤炭短缺又殃及了奥地利，使奥地利人度过了一个难挨的寒冬。

1940年，奥地利的工业产量出现下降，农作物减产大约16%。虽然食品、衣料等生活必需品的供应还算充足，但牛奶、咖啡等物资已实行了配给制，肉店、杂货铺门前时不时会排起长队。维也纳工人的薪资减少了20%。而在其他地方，企业主只能通过压缩工作时间、削减工资等手段来避免裁员。就连那些与战争密切相关的军工企业也不能独善其身。这些企业原本承包了许多德国军方的武器制造合同，但它们本来就存在着设备陈旧、技术落后、生产率低下等问题，一大批奥地利的熟练工人又奔着高工资去了德国，以致企业按期履行合同都成了一件困难的事情。

随着战争规模日益升级，越来越多的年轻人走上了前线，奥地利本地的劳动力来源渐渐枯竭，不得不依赖外籍劳工、战俘甚至集中营的囚犯作为补充。仅1940年一年，就有7万多名来自波兰、法国等地的战俘被遣送到奥地利，从事农业生产和艰苦的基建项目。奥地利人对这些人的看法不一。相对而言，波兰人被接纳的程度较高，法国人也凑合，意大利人和南斯拉夫人则受到排斥。大量外籍人员涌入奥地利还造成了其他一些意想不到的问题。在萨尔茨堡，几个年轻女孩在墙上涂写了一首打油诗，内容大意是："我们的兄弟和爱人奔赴前线，非死即伤。留在家里的女孩却被塞尔维亚人搞到了手。这真是我们祖国的莫大耻辱。"

还有不少奥地利人仍然把德国人看成"普鲁士人"，对德国人的到来非常反感。1940年11月17日，在一场维也纳队主场对阵沙尔克04队的足球比赛中，有5万多名球迷来到现场为自己的主队欢呼助威，期盼它能够赢下这支"来自德国"的冠军球队。赛后爆发了严重骚乱，有超过200名球迷被逮捕。就在同一天，戈林夫人赴维也纳一家剧院观看歌剧，演出当中，台下突然有人冲她大喊："你的钻石头饰是从哪儿偷的？"虽然警察立即从观众中拘押了20名嫌疑者，但窘迫万分的戈林夫人还是急忙趁着暗淡的灯光躲进了自己的包厢。连希特勒都咒骂："维也纳是帝国南方边境上的叛逆。"新上任的奥地利行政长官冯·希拉赫见状不妙，只得尽量设法挽回。他先是安慰一些资格较老的奥地利纳粹分子，让他们不要灰心，然后请求希特勒批准一份奥地利经济的发展计划，包括1.5亿马克的财政补贴、划拨一批先进机器、制定专门的进出口协议、降低运费和关税等。受战争进程的影响，这份计划的大部分内容都没能实施，唯一落实的只是将几万名熟练工人从德国召回了奥地利。

不过，这时德军在战场上取得的胜利能掩盖一切不和谐的矛盾。1941年3月，专门为兵工厂提供钢材的奥地利"赫尔曼·戈林"炼钢厂在林茨建成投产，希特勒和戈培尔等德国军政要人出席了庆祝仪式，并受到了和三年前德奥合并时一样的热烈欢迎。戈培尔兴奋地在日记里写道："庆祝晚宴人满为患，欢呼声经久不息，气氛异常热烈。我介绍了当前的战争局势，每说一句话都会被掌声打断。……就在这时，完全出乎预料的是，元首驾到！——暴风雨般的掌声令人难以形容！元首滔滔不绝地讲了大约半小时话。他对胜利充满信心，人们也为之疯狂。"6月，德军突袭苏联，长驱直入兵临莫斯科城下，希特勒的声望也达到了顶峰。

奥地利人原先以为，苏联是非常可怕的敌人。这种认知源于上次世界大战时奥匈帝国军队在东线战场遭到的惨痛打击。但看到德军势如破竹，特别是苏军在基辅战役失利、希特勒扬言"敌人已经差不多被打败了"之后，大部分奥地利人开始琢磨起了"怎样结束对苏联的战争最有可能"。受这种乐观心态的驱使,奥地利人积极为在莫斯科冰天雪地中受冻的德军部队筹措冬装。在维也纳新城,居民捐出了他们用来购买羊毛和羊皮的配给券;在蒂罗尔,游客和当地人只用了短短几周时间就募集了1.8万副滑雪板。虽然莫斯科战役以德军的失败而结束,但奥地利人和德国人一样,把责任归咎于陆军总司令勃劳希契而非希特勒本人。

1941年底至1942年初,陆续又有令人"振奋"的战报传来:隆美尔指挥的德意北非军团把英国第8集团军赶出了利比亚;德国的亚洲盟友日本偷袭了珍珠港,还在东南亚把英美军队打得落花流水。1942年1月30日,希特勒照例在这一天发表年度演说,以纪念他攫取德国政权九周年。他再次重复了对赢得最后胜利的信心,说这次战争"将以彻底毁灭犹太人而告终",奥地利人对希特勒的话仍旧深信不疑。然而,尽管1942年上半年德军继续在东线和北非战场一路推进,奥地利人却明显感到日常必需品越来越匮乏,布料、鞋子、化妆品、牙膏成了紧俏货,连香烟也要定量供给,一些地区的燃料和木柴也出现了紧缺。另外,各地为阵亡奥地利军人举行的葬礼越来越多,更加剧了人们的忧虑。到1943年2月,当德国第6集团军在斯大林格勒被苏军全歼的消息传来时,整个奥地利都震惊了。

三、沉默的大多数

对于奥地利人来说,1943年是第二次世界大战的分水岭。之前已经持续了好几年的战争,在奥地利人看来无非是一场接一场发生在远方的"冲突",并未从根本上影响他们的生活。维也纳等地仍是一派歌舞升平,大街上秩序井然,咖啡馆和餐厅正常营业,文化艺术活动照样举行,到阿尔卑斯山旅行的游客也络绎不绝。除反犹之风日甚一日和物资供应时不时发生中断之外，奥地利与战前相比没有太大的变化。

就在斯大林格勒战役结束后几天，一位名叫弗雷德伯格的《瑞典日报》记者来到了维也纳。他发现，这座多瑙河畔的都市到处是军队医院和外籍劳工，公共服务大幅度倒退。虽然维也纳商店里销售的商品种类比柏林多，餐厅提供的食品也更精美，可是火车站肮脏不堪，大楼上的石膏剥落，许多房屋的临街面看起来好几年没有打扫过了。尤其令弗雷德伯格惊讶的，是"对德国人的敌意贯穿了奥地利整个社会"，奥地利人似乎不喜欢包括纳粹主义在内的德国的一切。弗雷德伯格据此推测：大多数奥地利人都希望永远和德奥合并"说分手"。

但另一份美国人的报告却得出了与弗雷德伯格完全不同的结论。根据盟军特工人员、奥地利流亡者和维也纳当局内部一些人士提供的情报分析，1943年以来奥地利各阶层对当局的不满情绪确实有所增长，但还不足以达到起来反抗的程度。中产阶级过去是德奥合并的积极拥护者，现在也不敢冒流血和丧命的危险去推翻维也纳当局。工人也许抱怨工作时间过长和工资微薄，但也不愿意重新忍受第一共和国时期的高失业率。妇女们则仍然满足于不用出去做工的生活。总之，维也纳当局在奥地利的统治依旧非常稳定。如果说斯大林格勒战役的惨败激发了奥地利人的爱国热情，那就是夸大其词了。

但是，斯大林格勒战役给奥地利人带来的震撼仍然是空前的。不只是德军"不败"的谎言被戳穿了，更要命的是第6集团军中有3个奥地利师、共计5万名奥地利军人，这些人大部分阵亡或被俘，后来侥幸生还并回到家乡的只有1200人。上万个奥地利家庭只能靠着收听"莫斯科之声"广播来了解他们失陷亲人的状况，一名阵亡军人的母亲甚至悲愤地打了前来通报噩耗的官员一记耳光。这场战役还催生了一大堆传闻，什么在英国和苏联的战俘营里，奥地利战俘的待遇要比德国战俘好得多；盟国打算把巴伐利亚从德国拆分出来，与奥地利组成一个新的天主教国家，由流亡在美国的奥匈帝国末代皇帝卡尔一世之子奥托·冯·哈布斯堡担任国家元首；奥地利至今还没有被盟军飞机轰炸过，也全靠奥托·冯·哈布斯堡向盟国说情；等等。

1943年的坏消息纷至沓来。5月，德意北非军团战败投降；8月，德军在库尔斯克会战中失利，丧失了苏德战场的主动权。而与奥地利自身攸关的，是7月墨索里尼被撤职。这位曾经不可一世的独裁者，倒台之快就连他自己都没有料到。幸好希特勒没有坐视"老朋友"不管，派特种部队救出了遭意大利政府软禁的墨索里尼，扶持他在意大利北部一小片地区建立了"意大利社会共和国"，作为德国的傀儡政权苟延残喘。墨索里尼的回报是同意将南蒂罗尔和的里雅斯特等地让予希特勒。在分离四分之一世纪后，南蒂罗尔以这种戏剧性的方式回到了奥地利。虽然此时它和奥地利一样都属于德国，但也足以让整个奥地利，尤其是蒂罗尔地区的民众欢欣雀跃了。然而随着意大利倒向盟国，奥地利南部的战略缓冲空间被大大压缩了。特别是盟军对德国西部工业区进行轰炸后，越来越多的德国军工企业迁往奥地利，灾难也接踵而至。

8月13日，61架盟军B-24"解放者"轰炸机飞临维也纳新城上空。这座位于维也纳南侧的小城，集中了奥地利为纳粹德国生产战斗机、坦克和火箭发动机的工厂。顷刻之间，盟军轰炸机就摧毁了该城三分之一以上的生产线，使其丧失生产能力达一个月之久。尽管空袭造成的死亡人数不多，但大批惊慌失措的居民纷纷逃往乡下躲避。到战争结束前，多次空袭使维也纳新城只剩下了十几幢完好的房屋和860名居民。同样，空袭也频频降临格拉茨、菲拉赫、因斯布鲁克、林茨和萨尔茨堡，连维也纳也不能幸免。数万人在空袭中死伤，街道上瓦砾成堆，交通瘫痪。普通奥地利民众不仅感到恐惧，更丧失了对取得胜利的最后一点信心。

1943年11月1日，一个重大抉择摆在了奥地利的面前。当天，英、美、苏三国外长在莫斯科会议上公布了战后对奥地利政策的《莫斯科宣言》。宣言的内容如下：

联合王国政府、苏联政府和美利坚合众国政府一致认为，奥地利这个首遭希特勒侵略之害的自由国家要从德国统治下解放出来。

三国政府认为1938年3月15日德国对奥地利的强行吞并是无效的。从该日起奥地利所产生的任何变化，三国政府决不受其约束。三国政府声明，他们希望看到重新建立一个自由和独立的奥地利，并为奥地利人民以及面临同样问题的毗邻国家寻求作为持久和平唯一基础的政治与经济安全而开辟道路。

但要提醒奥地利注意：它参加希特勒德国一方作战，应负有不可逃避的责任。但是在最后处理时，必然要考虑到它对自身解放所作的贡献。

宣言的上下文似乎有矛盾之处。将奥地利定位为"首遭希特勒侵略之害的自由国家"是英国首相丘吉尔的主张，他决心弥补英国在1938年德奥合并时的不作为，通过恢复奥地利的独立来洗刷英国的过失。斯大林希望将奥地利视为侵略国家，以便战后顺理成章地夺取奥地利的资源，弥补苏联因战争造成的损失。美国不太关心奥地利的前途，只是提醒英国不要再像1918年那样忽视了奥地利独立后的生存问题。因此，1943年的《莫斯科宣言》和1919年的《凡尔赛和约》《圣日耳曼条约》一样，都是大国妥协的产物，但它明确无误地向奥地利传递了一个信号：要想战后免遭严惩，就得努力自救，拿出实际行动与纳粹政权斗争。盟国期待可以借此激发奥地利人反抗维也纳当局的热情。

遗憾的是，奥地利以沉默的方式回应。盟国情报机构失望地注意到，宣言几乎没有在奥地利掀起任何波澜。有一种牵强的解释是，"莫斯科"一词会让奥地利人联想起共产主义。但纵观1938年3月到1945年4月这七年，奥地利本土总共也只有约2700人因参与反抗维也纳当局的行动遭处决，这些人大部分是共产党人、前社会民主党人和天主教徒，另有3.26万名非犹太籍奥地利人死于秘密警察的监狱或集中营，德军中则有约500名奥地利籍军官和士兵被各级军事法庭宣判死刑。无论哪个数字，都与为纳粹政权服务或献身的人数相去甚远。

奥地利境外缺少一个类似"自由法国"或波兰流亡政府那样统一的抵抗中心。英国有3个不大的奥地利抵抗团体，即1939年成立的奥地利办事处、1941年成立的自由奥地利运动和稍晚出现的奥地利社会党人伦敦局，里面差不多集中了奥地利从共产主义者到君主主义者的所有政治流派。如果这几个团体精诚团结，也许可以做出一点成绩，可惜它们虽经英国政府反复撮合，仍然无法联合起来。法国有奥地利民族阵线、奥地利解放协会等几个组织，但也始终不能协同一致。美国倒是有一个自称"奥地利流亡政府"首脑的奥托·冯·哈布斯堡，此人热烈盼望复辟奥匈帝国，在抵抗维也纳当局方面却毫无建树。直到战争结束，奥地利国内外零星的反抗运动也没能对盟国政策产生决定性影响。

参加盟军作战的奥地利人数量也不多。丘吉尔曾打算在英军中组建一支奥地利部队，后来没了下文，最大可能就是征召到的人数太少。到"二战"结束时，在英军中服役的奥地利人只有3000名。铁托领导的南斯拉夫游击队曾收容了一些德军中的奥地利籍逃亡士兵，于1944年11月成立了一个奥地利营。戴高乐指挥的自由法国军队直到1945年4月25日才组建了一支奥地利部队，这时距奥地利全境解放只剩两个星期了。

1944年7月20日，德国发生了以施道芬堡上校为首的密谋分子刺杀希特勒未遂的事件。位于奥地利的第17和18军区没有参与政变，只有一名奥地利籍中校被指控有罪，后遭处决。事后维也纳当局借机逮捕了一大批受怀疑的奥地利第一共和国时期的议员、党派领袖和官员。令人奇怪的是，大多数奥地利人刚得知这次刺杀时的第一反应是吃惊和害怕，当听到希特勒奇迹般地安然无恙后又十分欣慰。随着刺杀事件的细节逐渐被揭露，奥地利人对有如此多的德军高级将领反叛希特勒感到非常愤怒。林茨（希特勒故乡）的地方检察官说，密谋分子"不配得到丝毫同情"。7月22日，4万多奥地利人齐聚林茨市中心广场，向希特勒表示忠心。在维也纳、萨尔茨堡、梅尔克以及其他许多地方，类似的集会每次都人头攒动，参加者动辄数以万计。

为什么在德国兵败如山倒的最后阶段，奥地利仍然会出现这样的反常现象？原因或许有很多种。比如，德国人把持了奥地利的生杀予夺大权，奥地利人则处于弱势；语言相同使秘密警察对奥地利人的监控更加便利；奥地利人在1934年以后已经习惯于威权政府的统治，对纳粹政权缺少心理上的抵触；奥地利人生性保守、温和、优柔寡断等。但最根本的，恰如当时一位英国情报分析专家指出的，是纳粹主义中的某些成分，如反犹意识，更像是源于奥地利本地而非德国，加上希特勒又是个"奥地利人"，所以奥地利人才会如此忠诚于纳粹政权。而奥地利人的"爱国主义"思想，暂时还只是一种对乡土的热爱，就像巴伐利亚人热爱巴伐利亚、蒂罗尔人热爱蒂罗尔那样，没有升华为对奥地利国家的情感。还有就是，包括一些精英人士在内的很多奥地利人，并不相信奥地利真的能够作为一个独立国家存在下去——第一共和国时期的窘境留给他们的印象实在是太深刻了。

1944年下半年起，盟军轰炸机对奥地利的空袭更加猛烈，地面部队也同时从东西方迅速向德国本土推进，希特勒的失败已为时不远了。既然奥地利放弃了自救的机会，那它就只能坐等外力来解放了。

尾声
共和国重生

进入1945年，第三帝国崩溃的速度更快了。4月8日，苏联军队包围了维也纳。同日，莫斯科电台播发《苏联政府关于奥地利的宣言》，称苏联政府将恪守《莫斯科宣言》，不打算占领奥地利的任何领土或改变奥地利的社会秩序，并支持奥地利根除纳粹政权和重建民主制度。4月中旬，包括维也纳在内的奥地利东部地区率先被苏联军队解放，遭取缔的奥地利各政党重新活跃起来。4月27日，由退隐多年的奥地利前总理卡尔·伦纳牵头，三个主要政党——人民党、社会党、共产党以及少数无党派人士组成奥地利临时政府并发表独立声明，宣布奥地利将在遵守1920年宪法精神的基础上重新成为共和国。4月29日，苏联政府率先承认了奥地利临时政府。

4月底至5月初，奥地利西部地区也陆续被英美法三国军队解放。7月4日，苏、美、英、法四大国联合成立了驻维也纳的盟国委员会，并重新划分了各国占领区。具体为苏联占领多瑙河以北的上奥地利、布尔根兰和下奥地利，美国占领多瑙河以南的上奥地利和萨尔茨堡，英国占领施蒂里亚、卡林提亚和东蒂罗尔，法国占领福拉尔贝格和除东蒂罗尔之外的蒂罗尔其余地区，位于苏占区的维也纳则由四国共管。虽然盟国委员会的主要任务中包括"尽快建立奥地利中央行政机构"和"为建立自由选举的奥地利政府做好准备"，但西方盟国对伦纳等人在苏占区成立的临时政府心存疑虑，迟迟不予承认。英国就"担忧"临时政府中共产党人的比例过高，认为它只能代表奥地利东部地区。英美两国还多次指责苏联一再阻挠它们的代表团进入维也纳。如果西方盟国也在自己的占领区同样扶植一个政府的话，那么奥地利就有步德国后尘分裂的危险。

庆幸的是，上述假设并没有发生。9月25日，经盟国委员会允许，临时政府在维也纳举行会议，将已经认可临时政府的西部各州代表吸纳进来，从而成为全奥地利的唯一合法政府。11月25日，奥地利又完成了中央和各州议会的选举，人民党和社会党掌握了大部分席位，共产党则基本被排斥在外。12月，临时政府改组，人民党领袖列奥波德·菲格尔和社会党领袖阿道夫·谢尔夫分别就任正副总理。1946年1月1日，新政府得到了盟国委员会的承认。尤其引人注目的是，伦纳这位第一共和国的首任总理此番又当选为第二共和国首任总统。在4月最混乱的日子里，75岁的伦纳曾独自找到进驻奥地利的苏军高级将领，向他们介绍奥地利的真实情况和人民的思想状态，请求他们善待奥地利。他还利用自己的威望引导和组织奥地利各支政治力量，为稳定奥地利局势贡献了一份力，也算为自己1938年发表支持德奥合并的错误言论做了一点补救。当同辈政治家大多早已作古时，伦纳却见证了奥地利再次走向共和的历程。

新政府面临的第一个任务是恢复经济。由于德国的大肆掠夺和战争的破坏，1945年的奥地利处境甚至比1918年还要糟糕，所有的经济活动都已经停顿，食品、燃料等民生物资严重不足。幸好联合国以及英美等国及时提供了必要的人道主义救援，帮助奥地利度过了战后最困难的第一个冬天。1947年6月，由于"马歇尔计划"①的执行，奥地利获得了大量资金救援。同年，奥地利还实施币制改革，成功地抑制了通货膨胀，失业率基本可控。战后这场经济危机只持续了不长的时间就结束了。

但是，此时的奥地利离成为正常国家还有很长一段路要走。首先，和德国一样，奥地利仍处于被四大国分区占领的状态。作为占领当局的盟国委员会虽然在1945年10月1日允许临时政府把权力扩大到整个奥地利，但同时重申盟国委员会依然是奥地利

---

① "马歇尔计划"：正式名称为"欧洲复兴计划"，第二次世界大战结束后由美国国务卿马歇尔提出的对西欧各国进行经济援助的计划。

的最高权力机构,临时政府必须将日常工作置于盟国委员会的全面指导和监督之下,奥地利形如一个未经宣判的战败国。其次,如何认识奥地利在第二次世界大战中的身份,究竟是"首遭希特勒侵略之害的自由国家",还是追随德国发动侵略战争的帮凶?这将直接影响到奥地利的自我定位和对外关系。因此,奥地利亟须在"德奥合并"和身份认同等关键而敏感的问题上取得突破。

战后的奥地利政坛很快又回到了人民党和社会党两大党派主导的状态。这两个党的前身——基督教社会党和社会民主党,在第一共和国时期曾囿于政见不同而相互攻讦,造成严重内耗,最终两败俱伤。社会民主党曾是德奥合并的支持者,基督教社会党则长期对德奥合并态度暧昧,可它们却都没有因此获益。还是在第二次世界大战尚未结束的时候,奥地利各政治阵营的一些有识之士就已开始反思,在德奥分家已近一个世纪的事实前,再盲目追求两国合并是否符合奥地利的根本利益。1945年以后,重新成立的人民党和社会党不约而同地否定了奥地利的"德意志"身份,并尝试携手合作,共同塑造全新的、独立的奥地利国家形象,努力推进民众对"奥地利人"的认同感。在与德国划清界限的过程中,奥地利逐渐形成了基于本土文化及语言的爱国主义和国家认同观,社会各阶层的共识不断增强,"奥地利民族"的概念也诞生了。

1947年,奥地利政府就国家前途问题启动了与盟国的谈判。由于此时东西方冷战对峙已经开始,西方盟国和苏联都不愿意将战略位置十分重要的奥地利拱手相让,谈判历时数年进展不大。为了打破僵局,1953年4月出任奥地利总理的尤利乌斯·拉布提出奥地利将寻求中立化道路,这是一个能够让西方盟国和苏联都接受的妥协性方案。1955年5月15日,奥地利政府终于与四大国签署了《重建独立和民主的奥地利的国家条约》(简称《国家条约》)。条约包括一个序言、九个部分，共三十八条，外加两个附件和五个清单。它规定1938年德国合并奥地利的相关文件均系非法，今后奥地利也将不再谋求与德国任何形式（包括政治和经济）的合并。至于奥地利的战争罪责，则没有在条约中提及。

《国家条约》的签署，标志着奥地利终于从德奥合并这一困扰其多年的难题中彻底挣脱了出来。代表奥地利政府在《国家条约》上签字的菲格尔感慨万千地说："奥地利自由了！"三个月后，四大国占领军撤离，奥地利时隔17年再次实现了完全独立，红白红三色的国旗又可以高高飘扬了。10月26日，奥地利议会通过《永久中立法》，奥地利成为像瑞士那样的永久中立国，这一天也被定为第二共和国的国庆日。同年12月14日，奥地利加入联合国。

必须要说明的是，在1945—1955年的10年期间，奥地利急于切割1938—1945年德奥合并这段历史的某些做法是值得商榷的。官方对纳粹主义采取禁忌和选择性遗忘的策略，淡化或者干脆闭口不提奥地利在侵略战争中的所作所为，相反极力突出奥地利是遭德国侵略的受害者的一面，甚至过分夸大个别奥地利人的抵抗行为。此外，奥地利以"当时国家不存在"为由，轻松地逃避了理应承担的战争罪责，并拒绝向在战争中遭遇迫害的奥地利籍犹太人进行赔偿，同时却心安理得地接收了第三帝国留下的大量资产，而罔顾这些资产的来路是否正当。

更有甚者，出于构造"受害者"形象的需要，奥地利的去纳粹化工作也做得很不到位。临时政府成立一周后曾接连颁布若干法令，规定1938年3月13日前加入纳粹党的奥地利人犯有重大叛国罪；第三帝国统治期间加入纳粹党者虽可从宽发落，但担任过地方长官以上官职的高级官员应被视为战犯，情节最严重者要判处死刑。1946年7月，奥地利政府向盟国委员会报告称，已在政府部门和工业领域各岗位撤换了约 27 万名纳粹分子。不过，总数高达 53.7 万余人的奥地利前纳粹分子（其中包括 10 万名 1938 年 3 月之前入党的老牌纳粹分子）里被判有罪的比例极低，仅为 1.3 万人。处以重刑者则寥寥无几，死刑更是只有区区 43 例，比同期盟国驻奥地利军事法庭判处的死刑少得多。在德奥合并事件中起到极坏作用的前外交部副部长吉多·施密特等人竟被无罪释放。

绝大多数奥地利人将前纳粹分子看成受蒙蔽或被胁迫的普通人，而不是罪犯。1948 年奥地利政府宣布对那些与纳粹政权"较少牵连者"实行大赦后，如何争取到这些人手里的选票又成为奥地利两大政党的头等大事。1945 年社会党一句"应该用纳粹分子交换关押在西伯利亚的奥地利战俘"的言论，到此时就成了被人民党猛烈攻击的把柄，而社会党只能竭力撇清与这句话的干系。但人民党和社会党在德奥合并前都是奥地利纳粹党的死敌，让这些思想未经改造的前纳粹分子心甘情愿地把选票投给这两个党并不容易。于是 1949 年初，奥地利终于冒出了一个以前纳粹分子为骨干的组织"独党联盟"，1956 年发展为奥地利第三大政党——奥地利自由党。这个与纳粹主义有着千丝万缕联系的极右翼政党，后来给第二共和国的政治生活惹了不少乱子。

奥地利既是不幸的，又是幸运的。战后它不仅免遭国家分裂，也无须割让领土和支付赔款，相反还从占领当局拿到不少补偿金。来自德国和东南欧的数十万德意志族移民弥补了战争导致的人口损失。唯一美中不足的大概就是 1946 年 9 月，在盟国的授意下，奥地利与意大利在巴黎缔结协定，承认南蒂罗尔归意大利所有。奥地利曾希望保留南蒂罗尔靠近己方一侧的普斯特尔河谷地区和一条铁路，以便让奥地利的北蒂罗尔和东蒂罗尔能连为一体，但遭到了拒绝。不过，相比之下，这点损失也算不了什么了。当匈牙利、捷克斯洛伐克和民主德国等邻国纷纷被铁幕隔离到另一侧时，奥地利却留在了西方，还从"马歇尔计划"中大大受益。据统计，奥地利获得了大约10亿美元的援助，一度占到国内生产总值的10%，其中有相当部分还是补助而非需要偿还的贷款。若以人均救助额计算，奥地利在"马歇尔计划"的全部受援国中高居第二，是联邦德国的10倍，这笔钱绝大部分被用于工业和基础设施建设。接着，奥地利引以为豪的旅游业和音乐、文化艺术也迅速兴旺起来。借助"二战"后西欧经济腾飞和紧邻联邦德国的有利条件，奥地利积极调整本国经济结构，不断实行经济改革，只用了不到半个世纪，就跻身世界富裕国家的行列。

鉴于两国漫长的历史纠葛，今天奥地利与德国的关系依然比较特殊。但当以往狂热的德意志民族主义情绪消退后，存在于两国人民之间的更多是友好合作与良性竞争。德国人可以调侃奥地利人的国旗不怕挂倒，反正怎么挂都是一样；奥地利人则戏谑德国人的刻板，为世界杯足球赛上奥地利队能战胜德国队而欢欣鼓舞。最重要的是，经济高度发达的奥地利在德国面前再也不是自卑的小兄弟了。越来越多的德国人被吸引到奥地利工作，以至于一家德国媒体形容奥地利才是"更好的德国"。正如奥地利前财政部长汉内斯·安德罗施指出的那样，"脆弱的奥地利认同感由此而赢得了一个新的基石"。两代奥地利人的身份认同也随之发生了根本性变化。1990年历史学家格拉尔德·施托尔茨写道，如果在两次世界大战之间的伦敦街头询问一位讲德语的奥地利人"是不是德意志人"，那么对方通常会回复"对，不过是来自奥地利的德意志人"，或干脆就以"我是德意志奥地利人"作答；但今天，60岁以下的奥地利人大多会直接说"不，我是奥地利人"。可以说，没有1918—1945年这段特殊的成长期，奥地利就不会成为全体奥地利人内心真正认可的祖国。重生的奥地利共和国，堪称"二战"后欧洲大陆的一个奇迹。

奥地利大事记

前2世纪	凯尔特人在今奥地利地区建立诺里孔王国
前15年	诺里孔王国并入罗马帝国
476年	西罗马帝国灭亡,奥地利地区先后受匈人、哥特人、阿瓦尔人、巴伐利亚人、法兰克人统治
976年	巴奔堡家族的利奥波德一世被神圣罗马帝国皇帝奥托一世封为巴伐利亚东部边区伯爵,是为奥地利国家的起源
996年	"奥地利"的名称第一次在历史文献中出现
1156年	奥地利升格为公国,脱离巴伐利亚独立
1278年	奥地利成为哈布斯堡家族领地
1453年	奥地利升格为大公国
1804年	弗兰茨一世宣布成立奥地利帝国
1866年7月	奥地利帝国在普奥战争中惨败于普鲁士,被逐出德意志
1867年2月	奥地利帝国改组为奥匈帝国
1914年7月28日	奥匈帝国向塞尔维亚宣战,第一次世界大战爆发
1918年11月3日	奥匈帝国与协约国达成停战协定,承认战败并随之解体
11月12日	奥地利第一共和国成立,正式国名为"德意志奥地利共和国"
1919年3月2日	奥地利与德国魏玛政府秘密达成两国合并的决议
9月10日	参加巴黎和会的奥地利代表团与协约国签署《圣日耳曼条约》,奥地利被禁止与德国合并
1920年10月1日	奥地利国民议会通过"1920年宪法"
1922年10月4日	奥地利与英、法、意、捷四国签署《日内瓦议定书》

1925年2月	奥地利发行新货币先令以取代旧货币克朗
1926年6月30日	国际联盟援助奥地利计划顺利结束
1927年7月15日	社会民主党与基督教社会党政府发生严重冲突
1931年3月	奥地利与德国就两国建立关税同盟展开秘密谈判
1931年9月5日	国际联盟判决德奥关税同盟违反了《日内瓦议定书》
1932年5月10日	基督教社会党人陶尔斐斯当选奥地利总理
1932年7月	奥地利与国际联盟签署《洛桑议定书》
1933年3月4日	陶尔斐斯宣布奥地利国民议会无限期停止运作
5月20日	陶尔斐斯效仿意大利法西斯党成立"祖国阵线"
5月27日	德国将前往奥地利旅游签证费提高到1000马克
6月19日	奥地利政府宣布不断制造暴乱的奥地利纳粹党为非法组织
1934年2月11日	社会民主党与受奥地利政府支持的卫乡团之间爆发"内战"
3月17日	奥地利与意大利、匈牙利签署《罗马议定书》
5月1日	奥地利颁布新宪法,正式成立威权政府,建立等级制国家
7月25日	奥地利纳粹分子发动政变意图夺取政权,陶尔斐斯被刺身亡。政变旋即被奥地利政府平息
7月29日	许士尼格继任奥地利总理
1935年1月7日	法国和意大利签署《罗马协定》,承诺维护奥地利的独立
4月14日	英国、法国和意大利成立"斯特莱沙"阵线,再次承诺保证奥地利的独立地位
1936年7月11日	奥地利与德国签署协定
1938年2月12日	许士尼格赴贝希特斯加登与希特勒会谈
3月11日	许士尼格宣布取消原定就奥地利是否继续独立举行的全民投票,并辞去总理一职
3月13日	德国出兵占领奥地利全境

3月14日	德国宣布合并奥地利
1945年4—5月	奥地利各地区陆续被盟军解放
4月27日	奥地利临时政府成立,宣布重建共和国
1946年1月1日	奥地利临时政府改组并得到驻维也纳盟国委员会承认
1955年5月15日	奥地利政府与苏、美、英、法四大国签订《国家条约》
10月25日	四大国占领军全部撤离,奥地利重新实现完全独立
10月26日	奥地利国民议会通过《永久中立法》,这一天被定为国庆日
12月14日	奥地利加入联合国

参考书目

[1] BROOK-SHEPHERD G. Anschluss: The Rape of Austria[M]. London: Macmillan and Co.Ltd, 1963.

[2] BUKEY E B. Hitler's Austria: popular sentiment in the Nazi Era 1938-1945(New Edition) [M]. Chapel Hill and London: The University of North Carolina Press, 2002.

[3] BUSHELL A. Polemical Austria: The Rhetorics of National Identity from Empire to the Second Republic[M]. Cardiff: University of Wales Press, 2013.

[4] COWLING M. The Impact of Hitler: British Politics and British Policy 1933-1940[M]. Cambridge: Cambridge University Press, 2005.

[5] GEHL J. Austria, Germany, and the Anschluss, 1931-1938[M]. London: Oxford University Press, 1979.

[6] HUGHES M. British Foreign Secretaries in an Uncertain World, 1919-1939[M]. London & New York: Routledge, 2005.

[7] KERSHAW I. Hitler, the Germans, and the Final Solution[M]. New Haven & London: Yale University Press: 2008.

[8] KEYSERLINGK R H. Austria in World War II: An Anglo-American Dilemma[M]. Kingston, Canada: McGill-Queens University Press, 1988.

[9] LENNHOFF E. The Last Five Hours of Austria[M]. London: Rich & Cowan, Ltd., 1938.

[10] LOW A. The Anschluss movement 1918-1919 and the Paris peace conference[M]. Philadelphia: American Philosophical society, 1974.

[11] MESSNER J. Dollfuss: An Austrian Patriot[M], Norfolk: Ihs Press, 2003.

[12] PELINKA A. The Dollfuss/Schuschnigg Era in Austria: A Reassessment[M]. London and New York: Routledge, 2003.

[13] SHIRER W. Berlin Diary 1934-1941[M]. New York: Alfred A. Knopf, 1942.

[14] STANLEY S. The Anschluss Question in the Weimar Era: A Study of Nationalism in Germany and Austria, 1918-1932[M]. Baltimore and London: The Johns Hopkins University Press, 1974.

[15] TAYLOR A J P. The Habsburg Monarchy 1809-1918: A History of the Austrian Empire and Austria-Hungary[M]. London: Penguin Publishing, 1990.

[16] WRIGHT W E. Austria 1938-1988: Anschluss and Fifty Years[M]. Riverside: Ariadne Press, 1995.

[17] 埃里克·霍布斯鲍姆.民族与民族主义[M].李金梅译.上海：上海人民出版社，2006.

[18] 埃里希·策尔纳.奥地利史：从开端至现代[M].李澎泖，杜文棠，林荣远译.北京：商务印书馆，1981.

[19] 奥托·冯·俾斯麦.思考与回忆[M].杨德友，同鸿印译.上海：三联书店，2006.

[20] 汉内斯·安德罗施.安逸时代的终结——关于奥地利未来的七点论纲[M].晏扬译.北京：商务印书馆，2014.

[21] 亨利·基辛格.大外交[M].顾淑馨，林添贵译.北京：人民出版社，2010.

[22] 姜士林，陈玮.世界宪法大全[M].北京：中国广播电视出版社，1989.

[23] 蒋恭晟.德奥合并问题[M].南京：正中书局，1937.

[24] 卡洛·M·奇波拉.欧洲经济史（第六卷）[M].方廷钰，徐修译.北京：商务印书馆，1991.

[25] 康有为.西班牙等国游记[M].长沙：岳麓书社，2017.

[26] 李德·哈特.第二次世界大战战史[M].钮先钟译.上海：上海人民出版社，2009.

[27] 迈克尔·鲍尔弗，约翰·梅尔.四国对德国和奥地利的管制：1945—1946[M].安徽大学外语系译.上海：上海译文出版社，1980.

[28] 史蒂芬·贝莱尔.奥地利史[M].黄艳红译.北京：中国大百科全书出版社，2009.

[29] 世界知识出版社.国际条约集（1917—1923）[M].北京：世界知识出版社，1961.

[30] 斯蒂芬·茨威格.昨日的世界：一个欧洲人的回忆[M].舒昌善，孙龙生，刘春华，戴奎生译.上海：三联书店，1991.

[31] 王绳祖.国际关系史[M].北京：世界知识出版社，1996.

[32] 威廉·夏伊勒.第三帝国的兴亡[M].董乐山译.北京：世界知识出版社，2008.

[33] 温斯顿·丘吉尔.第二次世界大战回忆录[M].张师竹等译.上海：译林出版社，2015.